VIAJE AL

Transformando tu vida
a través de la Gestalt

INTERIOR

VIAJE AL

Transformando tu vida
a través de la Gestalt

INTERIOR

Angelica Arzate

ola
PUBLISHING
INTERNACIONAL

ola
PUBLISHING
INTERNACIONAL

Hola Publishing Internacional
Eugenio Sue 79, int. 4, Col. Polanco
Miguel Hidalgo, C.P. 11550
Ciudad de México, México

Primera edición, mayo 2025
ISBN: 978-1-63765-768-3
Número de control de la Biblioteca del Congreso: 2025907496

Hola Publishing Internacional es una editorial híbrida comprometida a ayudar a autores de todo tipo a alcanzar sus metas de publicación, ofreciendo una amplia variedad de servicios. No publicamos contenido que sea política, religiosa o socialmente irrespetuoso, ni material sexualmente explícito. Si estás interesado en publicar un libro, visita www.holapublishing.com para más detalles.

El aquí y el ahora me llevan a vivir.

Prólogo

"Conócete a ti mismo", esta es una recomendación que escuchamos frecuentemente a lo largo de nuestra vida, pero en realidad no se trata de una obligación, y puedo entender incluso que haya a quien no le interese. Aunque también sé por experiencia que para algunas personas comprenderse y conocerse es un anhelo imperativo.

Pocas tareas son tan difíciles como conocerse a sí mismo, comenzando por mi convicción de que no hay nada tan complejo en el universo como un ser humano; tan influenciable, tan influenciado y tan influyente; a veces parece ser de otro mundo y otras veces está dominado por mundanos impulsos ancestrales. Otra dificultad para su comprensión es que el ser no es nunca un ser acabado, siempre está en construcción y por más que avance nunca completa la tarea. Ya todos entendemos que el simple deseo de tratar de saber quiénes somos cambia aquello que somos: siempre habrá algo que *aún no es* en cada ser, y el ser puede modificar su rumbo, su visión, o el significado de sus experiencias en cualquier momento.

Encontrar ayuda en tal búsqueda es valioso y se agradece tener recomendaciones, referencias y hasta una guía en tal aventura, de la misma manera en que, cuando viajas a una ciudad que desconoces, es buena idea llevar un mapa y leer un poco para convertirte en tu propio guía turístico que de antemano sabe a dónde quiere ir. Si no, corres el riesgo de perderte en la ciudad que visitas sin siquiera acercarte a los lugares que más valen la pena para ti.

Este libro es una herramienta que te guía por el camino de la psicoterapia Gestalt, que, sin ser el único camino existente, es un camino que ha sido ya caminado por varios exploradores, guiados por viejos conocimientos de antiguos viajeros, que se ha modernizado y se sigue perfeccionando. En este libro encontrarás la personal visión de una joven caminante, encontrarás el fundamento y método, pero sobre todo la experiencia vivida, sentida y asimilada de su autora.

La terapia Gestalt que este libro comparte no es sólo un recurso de autocomprensión, es también una alternativa para trascender las restricciones que el entorno ha impuesto y las limitantes que cada quien se ha forjado para defenderse, para adaptarse construyendo murallas que protegen y que dificultan el desarrollo pleno, convirtiendo a las personas en apenas la sombra de lo que su interior tiene como verdadero potencial. Este enfoque terapéutico es en sí mismo un modo de viajar, no sólo una ruta de viaje, que parte de la convicción de que cada quien, al emprender el viaje, lleva en su equipaje la suficiente claridad y sabiduría para construir y elegir una ruta propia una vez llegado al lugar.

La lectura del presente libro es también una manera de reandar el camino en caso de haber dejado la mochila atrás. Al rescatarla, recordarás cómo recuperar y usar tus herramientas para desarrollar tu talento.

Alejandro García,
Doctor en Psicoterapias existenciales,
Director de INTEGRO Bajío

Índice

Introducción

Viaje al interior: Transformando tu vida a través de la Gestalt nace de varias etapas de mi vida, así como de mi proceso personal y profesional desde que comencé a ejercer como psicóloga hasta el término de mi Maestría en Terapia Gestalt. Esto me llevó a implementar todo lo aprendido desde mis inicios como paciente hasta mi formación como terapeuta. Comencé a escribirlo en el año 2020 y lo concluí en el año 2025.

La terapia Gestalt fue mi salvación y cura para varias de mis dificultades y traumas internos, me llevó a resolver situaciones de mi vida. Aunque a lo largo de mi viaje tuve varios procesos terapéuticos fallidos e inconclusos, y hasta llegué a pensar que ningún terapeuta me ayudaba ni me entendía, e incluso en ocasiones me sentí juzgada, la Gestalt me rescató de esto. Descubrí que un terapeuta que va trabajando sus conflictos a base de un proceso personal profundo es más eficiente y auténtico en su terapia.

Llegué a creer que quien llega alto no tiene que pasar por dificultades, pero con el paso del tiempo la vida misma me fue haciendo ver que para llegar lejos es necesario enfrentarse a distintos obstáculos tanto a nivel personal como profesional y laboral. Cuando cursaba la carrera en psicología pensaba que al salir sería una profesionista reconocida, bien remunerada, valorada por lo que sabía, y consideraba que sería fácil encontrar un trabajo. De igual manera, pensaba que la vida de pareja era algo sencillo. Soñaba con encontrar a aquel príncipe de mis sueños, casarme, tener hijos y, como en las películas, vivir felices para siempre; incluso idealizaba a mis amistades, pensando que todos los amigos eran para siempre. No entendía que a veces los ideales cambian, así como las formas de ver la vida, y en el camino los amigos van alejándose y tomando rumbos distintos. Tampoco lograba darme cuenta del valor de la vida, puesto que, cuando las personas importantes mueren, con ellas se van partes valiosas que es necesario resignificar desde adentro de sí mismo.

Cuando me enfrenté a la realidad y a los obstáculos de esta, descubrí que idealizaba demasiado, entendí que el éxito profesional se gana y se lucha por él con esfuerzo, persistencia y conocimiento, porque el ámbito laboral está lleno de competitividad y sólo es posible mantenerse ahí a base de absoluta seguridad. Descubrí que hay amores que no son duraderos y tuve que aprender a no depender de nadie para que el día que llegara la persona adecuada pudiera saber estar ahí, completa y sin expectativas, aprendiendo a trabajar en mí para no reflejar en mi pareja asuntos no resueltos. Descubrí que el verdadero amor no es perfecto, se construye con dedicación, comprensión, paciencia mutua y madurez, pero, sobre todo, que para construirlo sólidamente es necesario sanar conflictos internos propios para lograr una relación estable. Comprendí que hay amistades que se fracturan con el tiempo, pues las personas cambiamos y en ocasiones dejamos de compaginar en ideales o pensamientos. Entendí que las personas fallecen y que es necesario continuar el camino sola, sabiendo estar conmigo misma, automotivándome y levantándome cuando es necesario, haciéndome completamente responsable de mí.

Fue hasta entonces que aprendí a ser independiente, adquirí seguridad y confianza.

Todo esto me ha llevado a crecer en cada área de mi vida, dejando atrás apegos y miedos. Por esto, cuando logré identificar cada una de mis inseguridades, me fue más sencillo irme reencontrando con esas partes perdidas que en algún momento dejé tras aquellas heridas o traumas vividos.

Gracias a mi proceso como paciente y posteriormente como psicoterapeuta Gestalt, llegué a escribir estas líneas con el objetivo de compartirte lo que he descubierto al profundizar en la terapia.

¡Cada herida abierta al pasado te llevará a tu sanación, crecimiento personal y transmutación!

Angelica Arzate,
Psicoterapeuta,
Máster en Terapia Gestalt

I

¿Cómo interviene la terapia Gestalt en la sanación?

Nuestra vida es básicamente nada más
que una serie de situaciones inconclusas,
gestalts incompletas.

Fritz Perls, fundador de la terapia Gestalt

Inicios de la terapia Gestalt

De acuerdo con varios autores, la terapia Gestalt se encuentra dentro de la tercera fuerza de la psicología: la psicología humanista. Antes de esta corriente, surgió el conductismo —segunda fuerza—, enfocado en el estudio del comportamiento, mientras que la primera fuerza, el psicoanálisis, centró su atención en el inconsciente. Es por esto que la psicología humanista surge con la finalidad de integrar distintas perspectivas, poniendo énfasis en el desarrollo del potencial humano y en el camino hacia la autorrealización. La gestalt nace en Alemania, a principios del siglo XX, por Max Wertheimer,

Wolfgang Kohler y Kurt Koffka. En sus inicios estaba enfocada en las teorías visuales y auditivas de la percepción, posteriormente se extendió a teorías sobre aprendizaje, conductas sociales y pensamientos, las cuales refieren que cada persona percibe una situación según sus experiencias vividas.

De igual forma, varios autores mencionan que en la terapia Gestalt influyó la teoría de campo de Kurt Lewin, sobre la cual yo concluyo que las personas actúan dependiendo del modo en el que perciben su interacción con el entorno, es decir, el entorno influye en el comportamiento de las personas, y así estas se desenvuelven de acuerdo a la tensión que perciben y las necesidades que tienen. Esto las llevará a actuar de una forma en la que puedan sobrevivir en su ambiente familiar, adquiriendo conductas que les sean funcionales, sin importar si son adecuadas o inadecuadas. Es así como, aunado a estas teorías, surge la psicoterapia Gestalt, desarrollada por Fritz S. Perls y Laura Perls. Esta psicoterapia es un enfoque integrador que complementa y se nutre de diversas disciplinas como el psicoanálisis, la psicoterapia corporal, psicodrama y el trabajo con sueños dirigidos, las filosofías orientales y las filosofías existenciales, creando así una visión holística del ser humano. De aquí la importancia de implementar técnicas de meditación a la terapia Gestalt.

Desde mi perspectiva, el objetivo principal de esta consistió en identificar la influencia del pasado en la vivencia del presente, es decir, indagar qué situación del pasado lleva a ser o sentirse de tal o cual forma en el presente. Una vez haciendo consciencia de en qué momento surgió el trauma que desencadenó esa conducta, será más fácil cambiar algunas conductas del presente, pues al identificar aquello que no está funcionando en la vida, puede hacerse en el presente algo distinto que en el pasado. Por lo tanto, lo impulsará a hacer un cambio en su presente, guiándolo a un mejor futuro, y empezando a vivir en la solución del *aquí y el ahora*. Es por esto que la terapia Gestalt brinda herramientas para explorar y darse cuenta del poder de sentir y experimentar con la finalidad de clarificar problemas para que el consultante logre encontrar soluciones propias.

Principios de la terapia Gestalt

La enseñanza de la Gestalt es que no hay reglas,
solo toma de conciencia. Atención y espontaneidad,
o mejor aún: percatarse y naturalidad.

Francisco Peñarubia, pionero
de la terapia Gestalt en España

De acuerdo a lo aprendido durante mi experiencia personal y profesional, hoy entiendo que la Gestalt es una corriente humanista, existencial, que pretende que el individuo haga contacto consigo mismo por medio de la atención plena en el presente, buscando integrar cuerpo, mente y alma. La terapia se realiza de forma individual o grupal. Se basa en el "aquí y ahora", pretendiendo que se haga consciencia y por ende se tome responsabilidad de las propias emociones, acciones y decisiones para cambiar la propia historia, pues de no ser así estará destinado a repetir aquello que no ha resuelto.

Es por esto que en la terapia Gestalt se le pide al consultante que hable en primera persona, para que comience a hacerse consciente de sí mismo. Es común escuchar diálogos como, "Cuando uno se siente triste…", o "Cuando nos sentimos tristes…". El hecho de que el consultante hable en segunda o tercera persona evita que se responsabilice de lo que siente, por lo tanto se le pide que cambie el "uno" o el "nos", por el "yo". Cambiar el diálogo a, "Cuando yo me siento triste…"

Además es importante que el consultante haga consciencia de cambiar las palabras "debo" y "tengo" por "quiero" o "me gustaría". Es decir, que deje de lado frases como, "Debo ser más ordenado" o "Tengo que cambiar mi manera de expresarme", por, "Quiero empezar a ser más ordenado" o "Me gustaría cambiar mi manera de expresarme". Cuando el consultante logra dejar de lado esas palabras que le hacen sentir una imposición u obligación, le es más sencillo comprometerse a hacer un cambio en sí mismo.

Dentro de la terapia hay un enfoque en el *para qué* de lo que sucede, y no en el *por qué*. Pues quien busca el *por qué* no resolverá su pregunta, pues pocas veces tiene respuesta. Sin embargo, el *para qué* le dará respuestas que lo llevarán al crecimiento personal y a la resolución. Con esto quiero decir que se busca entender para qué sucede lo que sucede: "¿Qué puedo aprender con esto que me pasa?", "¿Qué aprendizaje me deja esto?"; y no, por el contrario, lo que muchas veces las personas dicen al quejarse: "¿Por qué siempre me pasa esto a mí?" Esta pregunta sólo hace que la persona se victimice, y, en lugar de poder transmutar y evolucionar, agudiza más sus experiencias dolorosas y por ende se vuelve a repetir una y otra vez la misma historia y el mismo sufrimiento.

Otra de las maneras de trabajar en esta terapia es sentándose en el suelo sin zapatos, puesto que al estar en contacto con la tierra el consultante puede arraigarse a ella y contactar más fácilmente con sus emociones y con su ser.

En la Gestalt no se etiqueta algo como correcto o incorrecto, porque es parte del principio de que cada experiencia es válida tal como es, por lo tanto, no se emitirá un juicio alguno al consultante sobre las decisiones que tome, sólo se le brindará acompañamiento para que pueda elegir con más claridad y responsabilidad, sabiendo que cada acción tiene consecuencias.

Además, cabe resaltar que quien asiste a terapia es llamado cliente y no paciente, pues se busca una relación igualitaria entre cliente y terapeuta, puesto que se considera que el cliente puede dirigir su camino de desarrollo personal, mientras que el paciente es visto como un enfermo que no tiene la capacidad de decidir por sí mismo. Por ello, a través del libro, utilizaremos la palabra "consultante".

Hay que recalcar que la terapia Gestalt adquiere algunos principios del psicoanálisis —recordar el pasado, "la infancia"— con la finalidad de saber en qué momento y en qué escenario emocional surge la neurosis y así lograr contactar con el ser (lo anterior será explicado detalladamente en el capítulo III). Al hacerse consciencia de la neurosis será más sencillo cambiar y así recuperar conductas que se han desechado y que no se consideran parte del ser, pues al quedarse con lo aprendido tras aquella escena emocional, lo mejor que el individuo puede hacer es crear una compulsión que posteriormente se convierte en esa neurosis; esta no le deja fluir y sentirse pleno. Es por esto que se trabaja para ayudar al consultante a descubrir que él no es parte de la neurosis que le impide vivir plenamente. Se le guía a renunciar a las expectativas que los otros tienen de él, y así logra identificar que no vive para complacer a los demás, sino para escucharse a sí mismo.

Así es como logrará cambiar hábitos autodestructivos y rígidos que lo impulsarán y evitarán el estancamiento. El consultante podrá darse cuenta de lo que necesita para sí mismo; su fuerza de voluntad y autorresponsabilidad lo llevarán a su progreso, su crecimiento y su satisfacción; dejará de culpar a los demás por lo que le sucede y comenzará a hacerse responsable de lo que le pasa; comprenderá que cuando se conozca y se acepte verá ese cambio en él, llevándolo a una perspectiva distinta de su vida. Una vez logrado esto, el consultante encontrará un equilibrio que le permitirá resolver cada una de las fases del ciclo de la experiencia de tal manera que su organismo dejará de enfermarse constantemente; la neurosis irá disminuyendo, y esto permitirá un desarrollo óptimo, llevándolo a enfrentar sus represiones. Este proceso se llama autorregulación y/o homeostasis. Tener una autorregulación y una homeostasis permitirá que el individuo logre digerir y asimilar plenamente su ser, y así podrá mostrarse y expresarse libremente.

En resumen, la terapia Gestalt consiste en vivir el presente, haciéndose consciente para "darse cuenta" (hacer insight), y responsable de lo que se vive, dejando de culpar a los demás. Así, el individuo puede asumir la responsabilidad que conlleva estar en la vida, encontrando maneras más asertivas para enfrentarse al mundo, dejando de lado la victimización y el control.

De igual manera, se le hace saber al consultante que sólo hay consecuencias de las decisiones que se toman. Desde ahí, a la persona le corresponde hacerse responsable de sus decisiones y las consecuencias que le dejan. De esta manera irá aprendiendo lo que le funciona o no, y así podrá hacer las cosas diferente.

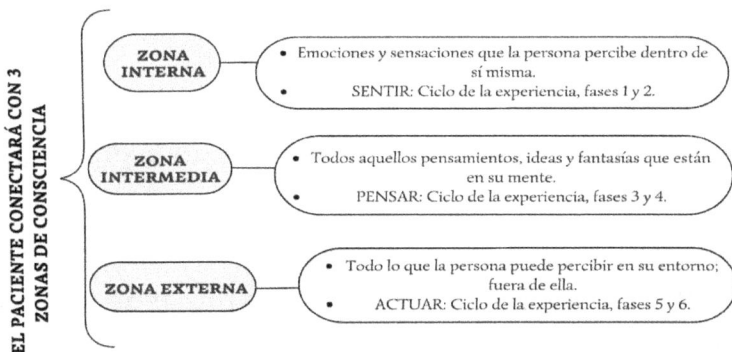

Cuadro 1.1 Zonas de consciencia

27

El cuadro anterior fue complementado con los puntos relevantes mencionados por Héctor Salama, en su libro "Gestalt para todos".

El terapeuta buscará que el consultante integre lo que siente, piensa y percibe de su vida para que así pueda llegar a la fase de resolución 7 y 8 del ciclo de la experiencia, en donde podrá asimilar e integrar lo anterior (esto será explicado detalladamente más adelante).

El terapeuta Gestalt y sus limitaciones

Durante mi formación, comprendí que el objetivo del terapeuta será facilitar el autodescubrimiento y la comprensión para cerrar asuntos inconclusos. Utilizará aquellos recursos que permitan que el consultante aprenda a escucharse en todo momento por medio del reflejo. El terapeuta evitará hacer recomendaciones, juicios o imposiciones, pues todo lo que refleje se enfocará en lo que el mismo consultante le ha mencionado.

Por otro lado, una de las limitaciones del terapeuta Gestalt es que no está capacitado para tratar la psicosis. Incluso, en su obra *Gestalt 2.0: Actualización en psicoterapia Gestalt*, Héctor Salama afirma que "El terapeuta Gestalt no está capacitado para trabajar adicciones ni problemas sexuales, a menos que se haya especializado en ello".

(Cita reproducida con permiso del titular de los derechos de autor)

Técnicas del terapeuta gestalt

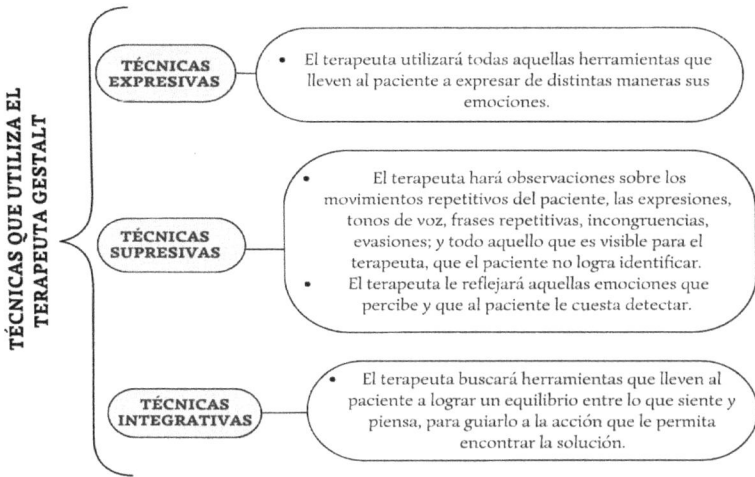

TÉCNICAS QUE UTILIZA EL TERAPEUTA GESTALT

TÉCNICAS EXPRESIVAS	• El terapeuta utilizará todas aquellas herramientas que lleven al paciente a expresar de distintas maneras sus emociones.
TÉCNICAS SUPRESIVAS	• El terapeuta hará observaciones sobre los movimientos repetitivos del paciente, las expresiones, tonos de voz, frases repetitivas, incongruencias, evasiones; y todo aquello que es visible para el terapeuta, que el paciente no logra identificar. • El terapeuta le reflejará aquellas emociones que percibe y que al paciente le cuesta detectar.
TÉCNICAS INTEGRATIVAS	• El terapeuta buscará herramientas que lleven al paciente a lograr un equilibrio entre lo que siente y piensa, para guiarlo a la acción que le permita encontrar la solución.

Cuadro 1.2 Técnicas del terapeuta Gestalt

Ejemplo: Un consultante llega a terapia con la finalidad de tomar decisiones asertivas, pues en varias ocasiones desiste de proyectos.

En una de las sesiones hace los siguientes comentarios: "Quiero cursar una carrera que termine pronto", "Me siento frustrado porque a mi edad no he logrado la estabilidad económica", "Estoy cansado de tener proyectos inconclusos", "Quiero tener un trabajo que me dé más estabilidad económica".

El terapeuta le hace la siguiente observación: "Me he dado cuenta que has mencionado que tu objetivo principal está enfocado en tener estabilidad económica y llegar a generar más ingresos. Pareciera que estás buscando una carrera que termine en poco tiempo sólo para cumplir expectativas, sin tomar en cuenta una carrera que te apasione o te lleve a hacer algo que te haga feliz. Veo que por eso has ido en busca de un proyecto y otro sin concluirlos, pues en lo que te has enfocado es en buscar rápidamente lo que tú consideras que puede darte dinero, dejando de lado lo que realmente te gusta.

"Desistes de tus proyectos, pues te exiges generar dinero sin importar si eso te hace feliz. Si te enfocaras en lo que te gusta, ¿no crees que te sería más sencillo no desistir de tus proyectos?"

Como te podrás dar cuenta, el terapeuta sólo usa el reflejo de las acciones y palabras continuas del paciente, resumiéndole todo lo que ha percibido de él, evitando hacer recomendaciones o aseveraciones, lo cual lleva al consultante a darse cuenta de su diálogo interno y sus acciones repetitivas.

¿Cómo funciona figura-fondo en la terapia Gestalt?

Varios autores mencionan que el término "gestalt" proviene de una palabra alemana que se traduce como forma o contorno. Es por esto que en este modelo psicológico se hace énfasis en la llamada "figura-fondo"

Al profundizar en mi formación, llegué a entender que el concepto de "figura-fondo" hace referencia a la capacidad que tiene una persona para observar solamente ciertas partes de su historia sin lograr ver lo que hay detrás.

Es decir, aunque logra percibir lo que sucede en el presente, no es consciente de que esto es consecuencia de algo que arrastra de su pasado, y que se originó ahí, pues alguien o algo le está reflejando el verdadero problema no resuelto.

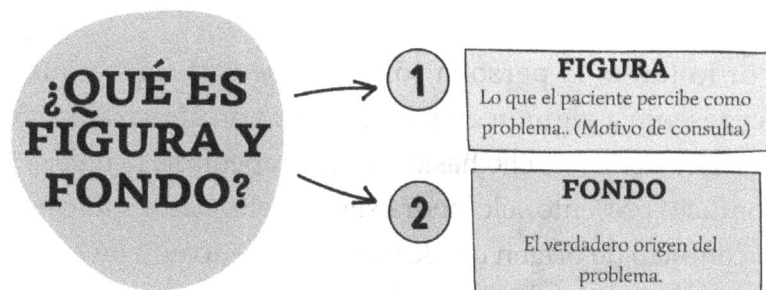

¿QUÉ ES FIGURA Y FONDO?

1 → **FIGURA** Lo que el paciente percibe como problema.. (Motivo de consulta)

2 → **FONDO** El verdadero origen del problema.

Ejemplo: El consultante menciona: "Constantemente tengo problemas con mi jefe, y no sólo en este trabajo, también en los trabajos anteriores me pasaba esto. Mis jefes me parecen muy impositivos y ante eso me siento pequeño e inseguro. Y lo mismo me pasaba en la escuela, cuando mis maestros me regañaban no sabía qué hacer, y me paralizaba".

A lo anterior, el terapeuta pregunta: "¿Y a quién te recuerdan las personas que representan autoridad?"

El consultante responde: "En realidad no lo había pensado, pero ahora me doy cuenta que a mi padre. Él siempre se mostraba impositivo y eso me generaba ansiedad. Y ahora que lo dices... ¡es así como me siento con mi jefe!"

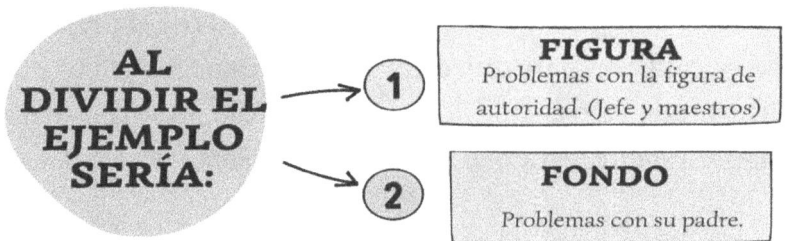

| AL DIVIDIR EL EJEMPLO SERÍA: | → 1 | **FIGURA** Problemas con la figura de autoridad. (Jefe y maestros) |
| | → 2 | **FONDO** Problemas con su padre. |

Por lo tanto, la persona sólo percibe una figura que le representa a alguien en su vida, pero no alcanzará a ver qué hay detrás de ello hasta que el terapeuta se lo refleje. El conflicto presente sólo podrá ser resuelto hasta solucionar el conflicto de origen que le está generando esto en su presente. Es por esto que, en el ejemplo anterior, el proceso terapéutico se enfocará en el padre y no en su jefe. Puesto que cuando logre trabajar con el miedo que le imponía su padre, enfrentará de una manera más asertiva el miedo que le imponen las figuras de autoridad en su vida.

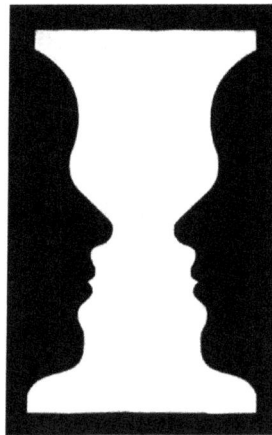

Figura 1.3 "La copa de Rubin", imagen creada por
el psicólogo Edgar Rubin en 1915.
Fuente: Fundamentos de diseño (2012)

En la figura anterior, el fondo es la copa que se observa en color blanco, y la figura, viéndola por el lado negro, es las dos caras viéndose frente a frente. Esta imagen busca representar lo que es el fondo y la figura en la vida diaria.

La vida repite lo que no se ha resuelto, es por esto que muchas veces los consultantes pueden decir, "Si mi mamá me cambia de escuela, eso lo resolvería, pues ya no me molestarán más" o " Si cambio de trabajo se resolverá y ya no tendré que lidiar con gente como esa". Sin embargo, a dónde vayan se encontrarán con los mismos conflictos, pues hasta que logren resolver el fondo podrán enfrentarse a la figura.

Por lo tanto, la terapia Gestalt busca que las personas logren identificar el conflicto pasado que lo está llevando al problema presente, y pretende guiarlas para encontrar maneras asertivas de solucionarlo una vez que le hagan frente a su pasado. Por ello, diversos autores coinciden en que uno de los principios fundamentales es que "el todo es más que la suma de sus partes ". Esto significa que todo lo que sucede alrededor es percibido de acuerdo a las experiencias que hemos tenido a lo largo de nuestra vida, y esto nos llevará a actuar según esas situaciones vividas. Sin embargo, también se irán sumando historias y vivencias del presente. Con esto se refiere a que somos todos los sucesos que vivimos y que nos conforman, pero constantemente se agregarán mas vivencias a nuestra vida.

Diferencia entre neurosis y el "ser"

DIFERENCIA ENTRE NEUROSIS Y EL "SER"

NEUROSIS

Se refiere a ese conjunto de acciones o actitudes compulsivas que vamos adquiriendo a lo largo de nuestra vida por aprendizaje.

Es usada como forma de protección.

"SER"

Se refiere a esa parte única y auténtica que caracteriza a esa persona. Parte interna con la que nació, pero tras aquellas vivencias y traumas dolorosos, tapó su verdadera esencia por miedo a ser lastimada.

Encubrió ese "ser" con la llamada neurosis.

Cuadro 1.4 Neurosis vs. el "ser"

Todo se ve de otra manera cuando
miras hacia tu corazón.

Carl Rogers, fundador de la psicología humanista

También se refiere que la mayoría de las personas estamos en neurosis, y que, aunque somos funcionales, no somos personas completamente sanas, pues la única manera de contactar con nuestras partes sanas es a través del autoconocimiento y la introspección. Esto no significa que llegaremos a la sanidad completa, sino que podremos autorregularnos al ir sanando aquellas heridas que nos llevaron a la neurosis.

Lo que pretende esta terapia es contactar con el ser y así poder adentrarnos con autenticidad en nosotros mismos, dejando de lado la neurosis. Esto nos llevará a hacernos conscientes de la esencia que realmente nos corresponde y que perdimos por sucesos de nuestra historia. Sólo al identificar aquellas conductas aprendidas que nos hicieron actuar de cierta forma, y trabajando en ello, es como disminuiremos las conductas neuróticas.

Para poder sanar es necesario tomar en cuenta que contamos con la absoluta voluntad, responsabilidad y convicción sobre nuestra propia vida. Cada individuo es dueño de sí mismo, es por esto que cuando aprendamos a hacernos responsables de nuestras emociones dejaremos de permitir que los demás puedan manipularnos o dañarnos.

A lo largo de este libro te iré guiando para que identifiques en qué parte del ciclo de la experiencia estás bloqueado. Descubrirás algunas técnicas que podrían ayudarte, e identificarás en cuál etapa de tu vida adquiriste tu neurosis. Además, detectarás las emociones con las que se te dificulta contactar. Cuando logres reconocer esto, te darás cuenta en qué momento dejaste tu ser por tus miedos e inseguridades, y aprenderás a contactar poco a poco con esa parte sana con la que naciste. Más adelante explicaré detalladamente la neurosis, sus síntomas, y cómo es que surge.

A continuación te pondré un ejemplo de cómo funciona la Gestalt cuándo revives el pasado para resolver el presente.

Ejemplo: Una niña, a quien le pondremos por nombre Eva, tiene la siguiente escena emocional:

Recuerda que su madre y ella vivían en casa de sus abuelos maternos. Sus tías maternas constantemente cuestionaban y juzgaban a su mamá, pero como la pequeña veía que a su madre le costaba defenderse, optaba por alzar la voz y constantemente buscaba defenderla. Es por esto que, mientras su madre lloraba, Eva en ocasiones les reclamaba a sus tías y en otras se portaba huraña y grosera con ellas. Todo esto la hacía ver rebelde y metiche ante los adultos, pues la mamá era quien debía poner esos límites y no Eva. Pero al ver que a su madre le costaba poner límites, ella se sentía responsable por hacer algo para defenderla y provocaba que Eva se sintiera impotente y no supiera qué hacer.

Además tenía muy presente la frase que su madre siempre le decía: "¡Esta no es nuestra casa, te tienes que portar bien!" En esa frase resonaba más otro significado, el que tenía para Eva: "Debes aguantarte y quedarte callada".

Eva constantemente escuchaba las quejas de sus tías y su abuela en frases como: "Eres una metiche, una traviesa y una rebelde". Eva comenzaba a sentirse agredida después de recibir tantos comentarios negativos hacia su persona, y todo por mostrarse defensora e intentar alzar la voz por su madre.

Resonaba en su cabeza la frase: "¡Esta no es nuestra casa, te tienes que portar bien !", es decir, "Debes aguantarte y quedarte callada"; como si se grabara en su inconsciente un mensaje: no somos importantes, por eso debemos aceptar ser lastimadas, y como no estamos en nuestra casa, las personas tienen derecho a tratarnos mal.

Al quedar grabado este mensaje, Eva decidió hacerse una promesa emocional a nivel inconsciente, en donde decide reprimirse, callarse, someterse, y así evitar ser juzgada. Es por esto que a partir de esos sucesos Eva cambia esa forma de ser ("ser") y se convierte en una niña sumisa a quien le hacen bullying en la escuela (compulsión/neurosis).

Después, al crecer, tenía constantes problemas en su trabajo porque se le dificultaba poner límites y decir lo que pensaba. Constantemente hacía todo lo que le pedían y vivía complaciendo a los demás para ser aceptada. Todo esto fue ocasionado en su infancia al pensar que no debía ocasionar problemas y que era mejor servir a los demás para no ser rechazada, pues ella recordaba que cuando expresaba lo que no le gustaba, provocaba que la juzgaran; por eso debía de aguantar y ser complaciente para ser aceptada, aunque no estuviera de acuerdo.

De ser una niña segura que pone límites se convierte en una adulta sumisa. Por lo tanto, esta adulta logra identificar que su ser era poderse defender y que a raíz de esa vivencia adquirió la neurosis de quedarse callada y no defenderse.

Cuando ella hace consciente que en su niñez pasó de ser una niña defensora a una niña sumisa y abnegada, es entonces cuando adquiere herramientas para poder volver a su forma original de poner límites, ahora de una forma más sensata, genuina y asertiva. Es así como al hacerlo consciente puede cambiar la reacción ante las situaciones o sucesos vividos en su presente, entendiendo que ella no nació siendo una persona sumisa, pero que por aquellas vivencias se sintió obligada a cambiar por las amenazas que recibía de su entorno.

Es así como funciona la terapia Gestalt, pues a través de ella recuerdas tu pasado para identificar en qué momento perdiste tu "ser", y de ahí partes para poder cambiar esa figura en el presente. En el capítulo II se hablará más detalladamente sobre este tema.

De acuerdo a lo anterior, esta es la importancia de vivir el aquí y ahora. Es decir, "vivo lo que estoy sintiendo en mi presente, y aprendo a cambiar la manera de reaccionar ante las situaciones". Aquí es cuando la terapia Gestalt hace su magia, llevando a las personas a descubrir lo que les impide continuar con su crecimiento. Al lograrlo cierran la llamada "gestalten", ciclo de la experiencia, la cual será explicada a continuación.

El ciclo de la experiencia en la terapia Gestalt

Concluyo que el ciclo de la experiencia es el proceso energético por el que pasa un individuo para responder o actuar de cierta manera ante una situación o experiencia en su vida. El objetivo es que logre satisfacer una necesidad psicológica y social por medio del reconocimiento de sus emociones, la aceptación y la toma de consciencia, para así lograr satisfacción y estabilidad en su vida (homeóstasis y autorregulación). De no ser así, no logrará cerrar este ciclo (gestalt incompleta), lo cual lo lleva a bloquearse y evita que autorregule sus emociones, provocando inestabilidad emocional e insatisfacción.

Ejemplo: Una consultante menciona, "Estoy en una relación donde no me siento respetada ni tomada en cuenta, pero me cuesta terminarla".

Para que ella logre la culminación de este ciclo, es necesario que identifique su sensación, su emoción, lo que necesita para resolver eso que estaba sintiendo; posibles opciones para llegar a la solución; el plan de acción; la realización para así llegar a la satisfacción.

Ella menciona sentir un hormigueo en sus manos, pues está enojada y lo que necesita es hablar con su novio para que la entienda y la tome en cuenta, pero esto ya lo ha hecho y no le ha funcionado, por lo tanto, está convencida de que lo que necesita es dar por terminada la relación, pero no se anima porque tiene miedo. Ese miedo la bloquea para concluir el ciclo, pues logrará cerrar este hasta que de el paso que ella dice necesitar: terminar su relación para sentirse respetada por ella misma al poner límites. Claro que, para dar ese paso, antes necesitará adquirir herramientas para hacerlo.

Según el ciclo de la experiencia descrito por Héctor Salama en Gestalt 2.0: Actualización en psicoterapia Gestalt, este ciclo consta de 8 fases:

- Reposo
- Sensación

- Formación de la figura
- Movilización de la energía
- Acción
- Pre-contacto
- Contacto
- Post-contacto

A lo largo de las siguientes páginas se detallará de manera clara y profunda cada una de estas fases, en base a lo expuesto por el autor en el libro previamente citado.

El ciclo de la experiencia comienza en reposo, pues, para que exista una sensación, es importante que primero el cuerpo haya encontrado estabilidad.

2. EMOCIÓN
- Identificar emoción.
"El nudo en mi garganta es porque siento tristeza".

CICLO DE LA EXPERIENCIA CONCLUIDO

3. NECESIDAD
- Identifica lo que necesita para descargar su emoción.
"Necesito hablar de lo que siento para sacar mi tristeza".

2 SENSACIÓN

3 FORMACIÓN DE FIGURA

1 REPOSO

1. SENSACIÓN CORPORAL
- Identificar sensaciones en el cuerpo.
"Siento un nudo en la garganta".

4 MOVILIZACIÓN DE ENERGÍA

4. OPCIONES
- Identificar opciones para satisfacer necesidades.
"Me ayudaría hablar con mi amiga, con mi mamá o ir a terapia".

8 POST-CONTACTO

8. SATISFACCIÓN
- Al concluir la actividad, logra sentirse satisfecho.
* Ya habló con su amiga de su tristeza.

5 ACCIÓN

5. ELIGE OPCIÓN A REALIZAR
- De todas las posibles opciones, elegir cuál quiere realizar.
"Prefiero hablar con mi amiga".

7 CONTACTO

6 PRE-CONTACTO

7. SOLUCIÓN REALIZADA
- Realiza el plan que tenía en mente.
* Ya está hablando con su amiga respecto a su tristeza.

6. PLAN A SEGUIR
- Idea un plan de acción para llevar a cabo.
"Le hablaré a mi amiga, y le diré que mañana nos veamos para platicar".

Cuadro 1.5 Ciclo de la experiencia

En los recuadros principales se ubica cada fase del ciclo. Debajo de estos, en negritas, se muestra resumida la función de la cual se encarga esa fase, y en el último renglón se relata un breve ejemplo de esta.

Fases del ciclo de la experiencia

1. Reposo

A partir de lo planteado por el autor, entiendo que el objetivo de esta fase es que la persona logre un equilibrio, por el contrario, tendrá un vacío. La persona identificará alguna sensación física —vacío en el estómago, nudo en la garganta, dolor, hormigueo, cansancio, etc. El individuo podría decir, "Siento un nudo en la garganta " o "Siento tensión en la espalda".

Cuando las personas no logran identificar sus sensaciones es debido a un bloqueo. Según Salama, el bloqueo corresponde al mecanismo de evitación llamado "postergación", que surge ante un mensaje de "no mereces". A partir de esta propuesta, entiendo que hace referencia al "no merecimiento" que es causado por alguna escena emocional que se vive cuando los padres o las figuras principales de apoyo no le reconocen, aprueban, o no le hacen saber que es valioso. La postergación impide que se concluya una actividad, provocando el abandono de asuntos "para después". Se observa cuando el individuo evita centrarse en las sensaciones corporales y, al evitar hacer contacto, no para de hacer alguna acción: no deja de trabajar, estudiar, hacer varias actividades a la vez, etc., llevándolo a qué no le quede tiempo para sí mismo.

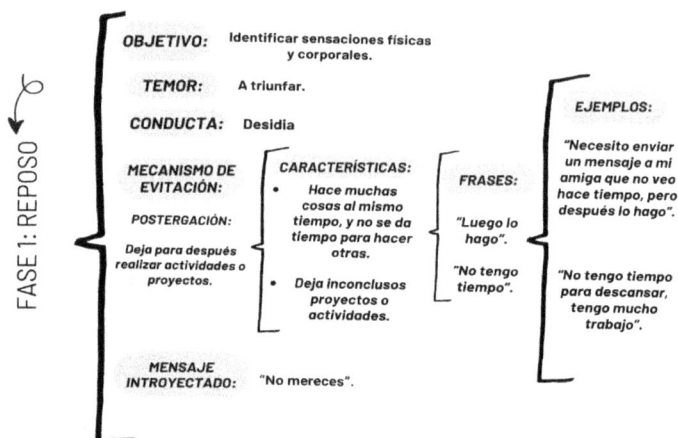

FASE 1: REPOSO

OBJETIVO: Identificar sensaciones físicas y corporales.

TEMOR: A triunfar.

CONDUCTA: Desidia

MECANISMO DE EVITACIÓN:

POSTERGACIÓN:

Deja para después realizar actividades o proyectos.

CARACTERÍSTICAS:
• Hace muchas cosas al mismo tiempo, y no se da tiempo para hacer otras.
• Deja inconclusos proyectos o actividades.

FRASES:
"Luego lo hago".
"No tengo tiempo".

EJEMPLOS:
"Necesito enviar un mensaje a mi amiga que no veo hace tiempo, pero después lo hago".
"No tengo tiempo para descansar, tengo mucho trabajo".

MENSAJE INTROYECTADO: "No mereces".

Cuadro 1.6 Fase 1: Reposo.

La representación visual comprendida en los cuadros 1.6 al 1.14 tiene base en los planteamientos de Salama. El autor menciona que las personas que usan el mecanismo de postergación son aquellas que usan la frase "Luego lo hago". A esto yo agregaría la frase: "No tengo tiempo". Para empezar a resolver el ciclo, puedes preguntarte los siguiente:

Según Salama, algunas preguntas a trabajar son:

- ¿Qué es lo peor que puede pasar si tengo éxito?
- ¿Qué gano o qué pierdo?
- ¿Qué obtengo?
- ¿Qué evito?

A estas, agrego otras que pueden complementar la reflexión:

- ¿Cómo me siento cuando dejo algo para después y no lo hago?
- ¿Cuáles serían las consecuencias si me organizara y pudiera terminar los pendientes que tengo?

2. Sensación

A partir de lo planteado por el autor, podemos concluir que el objetivo de esta fase es que la persona identifique una sensación. La persona comenzará a relacionar una sensación física con una emoción (enojo, miedo, tristeza, angustia, etc.).

Ejemplo: La persona podría decir, "El nudo en mi garganta es porque tengo ganas de llorar y me siento triste".

Cuando las personas no logran hacer contacto con su emoción es debido a que un bloqueo se los impide. Según Salama, el bloqueo es el mecanismo de evitación llamado "desensibilización", y surge cuando existe el mensaje "no te amarán". ". A partir de esta propuesta, y de acuerdo con lo aprendido en mi formación, entiendo que esto puede ser provocado porque en algún momento de la vida no se sintió el cuidado, validación o protección por parte de los padres.

La desensibilización impide que la persona sienta, llevándola a negar alguna emoción. Incluso, al sentir, podría llegarse a culpar de lo que está sintiendo.

En una ocasión, un consultante dijo: "Cuando estoy con mi mamá, hablándole de algo importante, y en ese momento le entra una llamada de sus amigas, ella deja de ponerme atención y contesta el teléfono. Y cuando le digo que quisiera que al hablarle de algo importante no contestara su teléfono, ella se enoja y me dice que no debo ser egoísta, que ella tiene derecho a su espacio. Yo trato de comprenderla, por eso a veces me siento mal hijo, por querer que me escuche y me ponga atención... pero me cuesta entender, porque cuando es al revés, y yo interrumpo las conversaciones con sus amigas por hablar sobre algo importante, ella me dice que me espere. Pero sé que debo entenderla, es mi mamá. Y además, como ella dice, mi hermana y yo podemos ser molestos porque no hacemos lo que ella nos pide". En toda la conversación, el consultante intentó justificarse por lo que sentía y a su vez se culpaba por sentirlo.

Por lo tanto, la conversación anterior es una manera de culparse por sentir y estar en la desensibilización.

FASE 2: SENSACIÓN

OBJETIVO:	Identificar emociones.
TEMOR:	A sufrir nuevamente.
CONDUCTA:	Aplanamiento afectivo.

MECANISMO DE EVITACIÓN:
DESENSIBILIZACIÓN:
No siente.

CARACTERÍSTICAS:
- Se culpa de sentir.
- Dice que no sabe lo que siente.
- Dice que no está sintiendo.

FRASES:
- "No siento".
- "Sé que no debo sentirme así".
- "Me da igual".

EJEMPLOS:
Cuando la terapeuta pregunta: ¿Qué sientes? Su respuesta es: "No siento nada" o "No sé".

"Sé que no debo sentirme enojado con ella, es mi mamá; y no está bien que sienta esto".

"Ya me es indiferente".

"Ya me resigné a que así sea mi mamá".

MENSAJE INTROYECTADO: "No te amarán".

Cuadro 1.7 Fase 2: Sensación

Cuando no está resuelta esta parte del ciclo de la experiencia, el autor menciona que las personas suelen disfrazarlo con la frase "No siento…" A esta frase yo agregaría las siguientes: "Sé que no debo sentirme así" o "Me da igual". Considero que otra forma de desensibilizarse es mediante el apego evitativo, pues la persona buscará alejarse de personas importantes para evitar una conexión emocional.

Según Salama, la pregunta a trabajar es:

- ¿Cómo te sientes?

A estas, agrego otras que pueden complementar la reflexión:

- ¿Qué gano y que pierdo si me permito sentir?
- ¿Cuáles han sido las consecuencias que me ha dejado vivir evitando sentir?
- ¿Qué es lo peor y lo mejor que puede pasar si me permito sentir?

3. Formación de la figura

El objetivo de esta fase es que la persona piense en cómo satisfacer su necesidad.

Ejemplo: La persona podría decir, "La tristeza se debe a que necesito desahogarme y hablar con alguien de lo que siento".

Cuando las personas no logran identificar lo que necesitan es debido a que un bloqueo se los impide. Según

45

Salama, el bloqueo es el mecanismo de evitación llamado "proyección", y surge cuando existe el mensaje "te dañarán". A partir de esta propuesta, entiendo que esto puede ser provocado por una traición de los padres o de las figuras principales en algún momento de su vida de la persona, es decir, alguna o algunas instancias en las que no cumplieron sus promesas o le mintieron.

La proyección se refiere a ver en otra persona lo que yo tengo (positivo o negativo), negándolo en mí; o ver en otro lo que yo quisiera poder hacer, pero, en lugar de hacerlo yo, le dejo la responsabilidad al otro. Y es aquí donde el individuo inhibe lo que quiere hacer, esperando que el otro cambie: quiere que la otra persona lo haga por él.

En el primer caso de proyección (ver en otra persona lo que yo tengo) un **ejemplo** sería el siguiente:

Una consultante menciona: " Estoy cansada de ver cómo mi mamá se hace la víctima y no le pone límites a mi papá". Esta consultante se encontraba en una relación donde era violentada por el esposo, y a ella le costaba ponerle límites.

Otro caso:

Una consultante mencionó: "Me pone muy triste ver cómo mi hijo no le pone atención a mi nieta de tres años, la tiene muy descuidada. Se que a él le corresponde y yo no tengo que resolverlo, pero me duele verla así". Al preguntarle que le pasó a ella a la edad de su nieta, mencionó haberse sentido descuidada por sus padres; había pasado por lo mismo.

En el segundo caso de proyección, ver en otra persona lo que yo quisiera poder hacer, y en lugar de hacerlo yo, dejarle la responsabilidad al otro., podemos poner este **ejemplo:**

Un consultante menciona estar cansado de no ser tomado en cuenta por sus padres, pues ellos le están imponiendo que estudie la carrera de arquitectura, aunque él preferiría estudiar administración. Él menciona que, aunque no quiere estudiar arquitectura y eso lo hace sentir frustrado y triste, lo hará por complacerlos, esperando que en algún momento se den cuenta de su error y le permitan estudiar administración. Aunque el terapeuta le menciona posibles opciones para lograr cursar la carrera que desea, él prefiere no hacerlo, dejándole la responsabilidad a sus padres.

En el caso anterior, el consultante ya está consciente de aquello que lo hace sentir triste, sin embargo, en lugar de decidir no complacer a sus padres, tiene la esperanza de que en algún momento ellos entiendan y le permitan realizar la carrera que quiere. Esto lo hace inconscientemente para no hacerse responsable de sí mismo. Aquí entraría la frase, "Por culpa de mis padres no haré la carrera que yo quiero", pues aunque lo que él realmente quisiera es hacer valer lo que él quiere, prefiere no hacerlo.

Ejemplo:

Eva no se sentía tomada en cuenta ni reconocida por su padre, pues él, a través de su ejemplo, le hizo ver que, antes que ella, para él era más importante estudiar, trabajar y ser reconocido por la gente por ser un gran maestro. Aunque económicamente estuvo al pendiente, emocionalmente no tuvo un acercamiento con ella, pues tenía otras prioridades. En muchas ocasiones usaba los dobles mensajes, por un lado le decía que podía contar con él, y con sus acciones y actitudes le demostraba lo contrario. Además de que le hacía promesas que no cumplía, y, aunque Eva llevaba su apellido, ante la sociedad no la reconocía.

Eva aprendió que ella no era importante para su padre. En varias ocasiones lo culpaba de su tristeza y el dolor profundo por su rechazo, y así pasó parte de su adolescencia viviendo con rencor hacia él. Además, temía encontrarse con hombres que no la valoraran, pues pensaba que, si su padre la había dañado, qué podía esperar de los demás.

Con el tiempo y la terapia aprendió que no podía cambiar a su padre, que era el padre que le había tocado y necesitaba aceptarlo para sanar. Esto la llevó a aprender a sostenerse por sí misma. Entendió que gracias a cómo fue su padre, ella pudo crecer, impulsarse y desarrollarse. Sanó su enojo usando esa emoción asertivamente para que el coraje la llevara a crear, y en lugar de vivir culpándolo logró responsabilizarse de sí misma. Además, aprendió que no todos los hombres la iban a dañar, comprendiendo que su padre era así por carencias emocionales que probablemente seguirían ahí, pero que ella no era la responsable de la actitud que su padre tenía con ella.

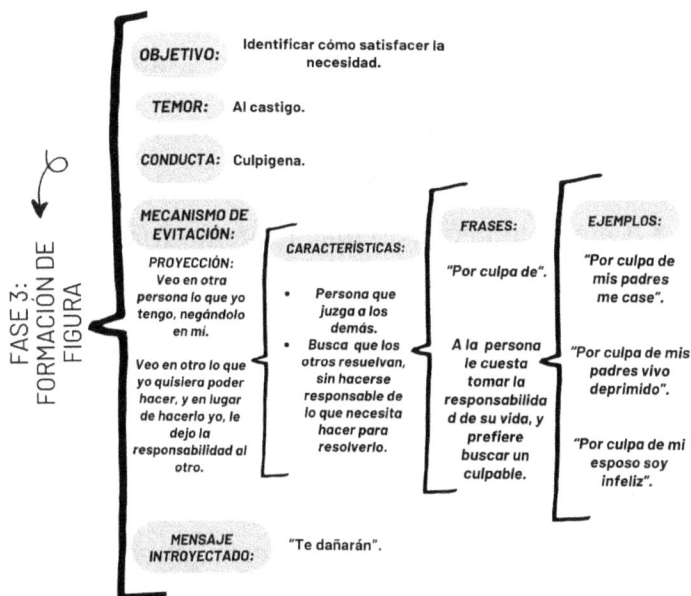

OBJETIVO:	Identificar cómo satisfacer la necesidad.	
TEMOR:	Al castigo.	
CONDUCTA:	Culpígena.	

FASE 3: FORMACIÓN DE FIGURA

MECANISMO DE EVITACIÓN:
PROYECCIÓN: Veo en otra persona lo que yo tengo, negándolo en mí.

Veo en otro lo que yo quisiera poder hacer, y en lugar de hacerlo yo, le dejo la responsabilidad al otro.

CARACTERÍSTICAS:
- Persona que juzga a los demás.
- Busca que los otros resuelvan, sin hacerse responsable de lo que necesita hacer para resolverlo.

FRASES:
"Por culpa de".

A la persona le cuesta tomar la responsabilida d de su vida, y prefiere buscar un culpable.

EJEMPLOS:
"Por culpa de mis padres me case".

"Por culpa de mis padres vivo deprimido".

"Por culpa de mi esposo soy infeliz".

MENSAJE INTROYECTADO: "Te dañarán".

Cuadro 1.8 Fase 3: Formación de la figura

Cuando no está resuelta esta parte del ciclo de la experiencia, el autor menciona que las personas suelen disfrazarlo con la frase "Por culpa de…" A partir de esto, entiendo que toman una postura de víctima, y por ende encuentran un beneficio al actuar como víctimas en lugar de responsabilizarse, puesto que es más fácil decir, "Por culpa de los demás me siento así", en lugar de cambiarlo. Sin embargo, como en el ejemplo anterior, cuando la persona se responsabiliza podrá descubrir las herramientas que tiene para aprender de eso, enfocándose en el *para qué* y no en el *por qué*.

Según Salama, las preguntas a trabajar son:

- ¿Cómo piensas?
- ¿A quién culpas?

A estas agrego otras que pueden complementar la reflexión:

- ¿Qué resentimientos guardo?
- ¿Qué es lo peor y lo mejor que podría pasar si me hago responsable de mis acciones?
- ¿Qué gano y que pierdo culpando a los demás?

4. Movilización de la energía

El objetivo de esta fase es que la persona asimile e integre alternativas para llegar a la solución, cuestionándose, "¿qué necesito hacer para satisfacer la necesidad y sentirme mejor?"

Ejemplo: Si sientes tristeza, piensas si necesitas ir en busca de un abrazo o platicar con alguien para sentirte mejor, o, si estas enojado, piensas cómo podrías sacar ese enojo de una forma más asertiva que no dañe a los demás ni a ti mismo, escribiendo lo que sientes, escuchando música, etc.

Cuando las personas no logran identificar las alternativas posibles que tienen es debido a un bloqueo. Según Salama, es el mecanismo de evitación llamado "introyección", y surge cuando existe el mensaje "te rechazarán".

A partir de esta propuesta, entiendo que esto puede derivar de alguna escena emocional de la infancia donde la persona constantemente no era aceptada o le inculcaban creencias de cómo debía o tenía que ser para ser aceptada.

El introyecto se refiere a aquellas frases o ideas que el individuo ha escuchado desde pequeño, cuya repetición le llevó a creer que son propias. Es decir, aquellos mensajes que absorbemos de todo lo que nos han dicho, y hacemos propios, independientemente de si son positivos o negativos.

Ejemplo: Aquellas creencias de lo que debes hacer para ser aceptado o querido, de cómo debes comportarte ante la sociedad, etc.

Una consultante menciona: "Mi mamá dice que todos los hombres son infieles y me cuesta confiar en un hombre, pues pienso que me van a engañar". En este caso, ella asumía que la iban a engañar por lo que su mamá le había dicho, pues le era difícil diferenciar la idea que tenía su mamá de la propia, y aunque mencionaba que no lo decía desde una experiencia propia, tomaba como cierto aquello que su madre le decía.

Cuando alguien está atorado en esta etapa, no logra pensar en alternativas propias, pues busca complacer a las ideas preconcebidas que tiene de lo que alguna vez le dijeron sus padres, y en lugar de ir en busca de sus ideales y objetivos, va haciendo lo que le dijeron que debería o tenía que hacer, sin escucharse a sí mismo.

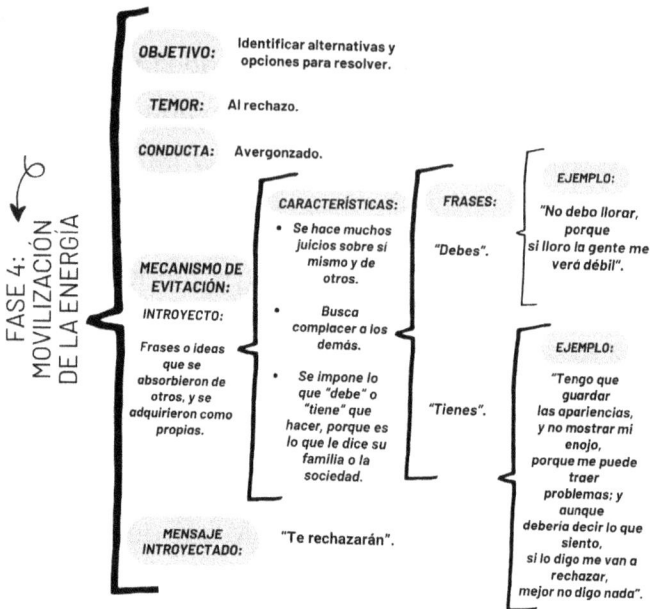

FASE 4: MOVILIZACIÓN DE LA ENERGÍA

OBJETIVO: Identificar alternativas y opciones para resolver.

TEMOR: Al rechazo.

CONDUCTA: Avergonzado.

MECANISMO DE EVITACIÓN:

INTROYECTO: Frases o ideas que se absorbieron de otros, y se adquirieron como propias.

CARACTERÍSTICAS:
- Se hace muchos juicios sobre sí mismo y de otros.
- Busca complacer a los demás.
- Se impone lo que "debe" o "tiene" que hacer, porque es lo que le dice su familia o la sociedad.

FRASES:

"Debes".

EJEMPLO: "No debo llorar, porque si lloro la gente me verá débil".

"Tienes".

EJEMPLO: "Tengo que guardar las apariencias, y no mostrar mi enojo, porque me puede traer problemas; y aunque debería decir lo que siento, si lo digo me van a rechazar, mejor no digo nada".

MENSAJE INTROYECTADO: "Te rechazarán".

Cuadro 1.9 Fase 4: Movilización de la energía

Según Salama, cuando no está resuelta esta parte del ciclo de la experiencia, las personas suelen disfrazarlo con las frases "Debería…" o "Tengo que…" Es aquí donde entran todas aquellas frases que han sido escuchadas desde la infancia, y entran también el remordimiento y culpa de no querer hacer lo que se debería hacer, puesto que el consultante adquiere como propia una idea que no le pertenece.

En el ejemplo en donde en Eva resonaba la frase, "Debes aguantarte y quedarte callada", Eva grabó en su inconsciente esta idea y la hizo parte de ella hasta que, cuando creció, no se defendía, ya que había aprendido que para ser aceptada en un lugar debía callarse y no defenderse. Por lo tanto, introyectó una actitud de indefensión y sumisión, la cual fue aprendida por lo que escuchaba.

Hace tiempo oí decir a un niño que su papá era fuerte porque no lloraba. ¡Cómo hemos dañado, como sociedad, las ideas, al grado de que un adulto cree y le hace creer a su hijo que quien no llora es fuerte cuando es todo lo contrario! Crea tanta represión y nos lleva a no regular las emociones, reprimirnos y explotar. Por lo que, si como adultos vamos por la vida no sabiendo qué es lo mejor para nosotros basado en nuestras propias emociones, por ende vamos a criar hijos a los que les cueste poder expresar sus emociones de forma asertiva.

En esta fase 4 del ciclo de la experiencia, nos encontraremos con frases que buscan reprimir sentimientos, emociones y acciones, lo cual evita que hagamos lo que realmente queremos o necesitamos. Una de las autointerrupciones de esta fase es evitar lo que se quiere o se necesita hacer —buscar a alguien, decir lo que se siente, pedir un abrazo, platicar con una persona cercana, etc. Es por esto que, al querer evitar, evadir o huir de la verdadera necesidad y emoción, nos seguirá esa angustia, tristeza, enojo o miedo hasta que tomemos cartas en el asunto para escuchar eso que necesitamos y posteriormente hacerlo.

Según Salama, las preguntas a trabajar son:

- ¿Qué piensas que debes hacer?
- ¿Quién te lo dijo?
- ¿A quién le pertenece?
- ¿Qué quieres tú?

A estas, yo agregaría la siguiente pregunta:

- ¿Qué ideas (introyectos) o frases de otras personas me tragué y creí?

5. Acción

El objetivo de esta fase es que, de entre todas las alternativas que ha descubierto que tiene, el consultante elija una opción para satisfacer su necesidad. La persona podría decir: "Sé que para sacar mi tristeza podría hablar con mi amiga, ir a terapia o hablar con mi mamá, pero prefiero hablar con mi amiga".

Cuando las personas no logran concretar una posible solución es debido a un bloqueo. Según Salama, son los mecanismos de evitación llamados "retroflexión" y "proflexión", que surgen del mensaje "no actúes". A partir de esta propuesta, concluyamos que esto puede ser provocado por alguna vivencia en la que al actuar de cierta forma el consultante fue castigado, reprimido o reprendido, lo cual lo llevó a una promesa emocional. La retroflexión es cuando la persona se hace lo que le gustaría hacer a otro, descargando hacia sí mismo la energía agresiva que tiene hacia otra persona, pues su objetivo es no dañar al otro.

Hay varias formas de descargar esa retroflexión, algunas de ellas son: quedarse callado y no poner límites, guardar lo que se siente y después somatizarlo por medio de enfermedades, llegar al *cutting*, pensamientos y deseos de propia muerte, e incluso atentar contra la propia vida.

En el ejemplo de Eva, lo que introyectó en su mente fue, "Debes aguantarte y quedarte callada", y entonces comenzó a quedarse callada y dejó de defenderse; es aquí donde empezó la retroflexión. Por otro lado, en la proflexión, la persona hace al otro lo que le gustaría que le hicieran a ella. En este caso la energía es amorosa, contraria a la retroflexión.

Ejemplo: Cuando alguien da un masaje deseando recibirlo, o cuando alguien da abrazos con ganas de recibirlos pero, por temor a que se lo nieguen, prefiere darlo.

En el caso de Eva, ella era muy amorosa y siempre se desvivía por abrazar a su familia, por lo que, dentro de su retroflexión también había una proflexión, pues esperaba recibir amor y abrazos de los demás. Pero, como tenía miedo de ser rechazada, ella optaba por tomar la iniciativa en dar ese cariño.

Cuando no está resuelta esta parte del ciclo de la experiencia, según Salama, las personas suelen disfrazarlo con la frase "Mejor me aguanto...". A esto yo agregaría: "Mejor me odio" o "Mejor no lo pido" (lo anterior sucede a nivel inconsciente).

Según Salama, la pregunta a trabajar es:

- ¿Cómo te sientes?
- ¿Fuiste al médico?
- ¿Desde cuándo presentas el(los) síntoma(s)?
- ¿Qué obtienes y qué evitas al contener tus emociones?

A esta, yo agregaría las siguientes preguntas:

- ¿Cuáles han sido las consecuencias de reprimir lo que siento?

- ¿Qué es lo peor y mejor que puede pasar si expreso lo que siento?

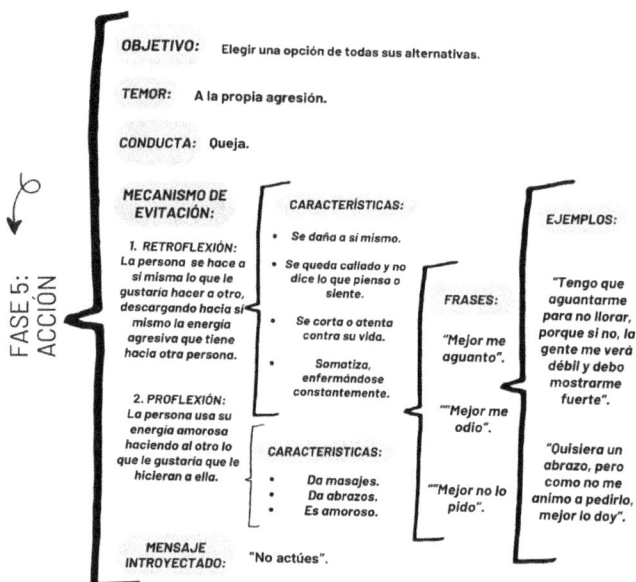

OBJETIVO: Elegir una opción de todas sus alternativas.

TEMOR: A la propia agresión.

CONDUCTA: Queja.

FASE 5: ACCIÓN

MECANISMO DE EVITACIÓN:

1. RETROFLEXIÓN: La persona se hace a sí misma lo que le gustaría hacer a otro, descargando hacia sí mismo la energía agresiva que tiene hacia otra persona.

2. PROFLEXIÓN: La persona usa su energía amorosa haciendo al otro lo que le gustaría que le hicieran a ella.

MENSAJE INTROYECTADO: "No actúes".

CARACTERÍSTICAS:
- Se daña a sí mismo.
- Se queda callado y no dice lo que piensa o siente.
- Se corta o atenta contra su vida.
- Somatiza, enfermándose constantemente.

CARACTERÍSTICAS:
- Da masajes.
- Da abrazos.
- Es amoroso.

FRASES:
"Mejor me aguanto".

"'Mejor me odio".

"'Mejor no lo pido".

EJEMPLOS:
"Tengo que aguantarme para no llorar, porque si no, la gente me verá débil y debo mostrarme fuerte".

"Quisiera un abrazo, pero como no me animo a pedirlo, mejor lo doy".

Cuadro 1.10 Fase 5: Acción

6. Pre-contacto

El objetivo de esta fase es identificar el objeto a contactar para dirigir la energía, es decir, al ya saber lo que necesitas para cubrir lo que te falta, empezar a formular cómo hacerlo, llevando a cabo un plan para lograrlo. La persona podría decir: "Ahora que ya sé que necesito hablar con mi amiga, le hablaré por teléfono y le diré que mañana nos veamos".

Cuando las personas no logran llevar a cabo un plan, tienen un bloqueo. Según Salama, es el mecanismo de evitación llamado "deflexión" y surge cuando existe el mensaje "no enfrentes". A partir de esta propuesta, y de acuerdo con lo aprendido en mi formación, entiendo que esto puede ser provocado por algún recuerdo en donde al enfrentarse a una situación el consultante fue juzgado, menospreciado, atacado o minimizado. En la deflexión la persona evita enfrentar lo desagradable evadiéndolo: cambiando de tema, riéndose, contando un chiste, ignorando, etc.

Ejemplo: Tenía un consultante que cuando le preguntaba cómo le había ido en su semana, él me decía, "Bien, me fue bien", se mostraba alegre y luego se reía, diciendo, "Siguen los problemas en mi casa, pero todo ha estado bien", y empezaba a cambiar de tema. Cuando le preguntaba si quería hablar sobre lo que había sucedido, decía, "No tiene caso hablar sobre eso, nada va a cambiar si lo hablo, mejor quiero hablar sobre otra cosa".

Según Salama, cuando no está resuelta esta parte del ciclo de la experiencia, las personas suelen disfrazarlo con la frase "mejor lo evito".

Según Salama, las preguntas a trabajar son:

- ¿Ante qué o quién evito?, ¿en qué circunstancias?
- ¿Qué pasaría si lo enfrentas?

A estas, yo agregaría las siguientes preguntas:

- ¿Para qué lo evito?
- ¿Qué gano o qué pierdo evitando o enfrentando?

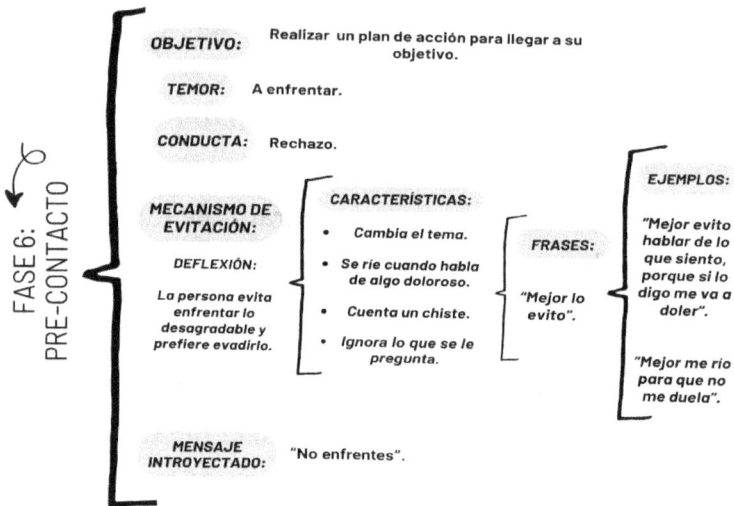

FASE 6: PRE-CONTACTO

OBJETIVO: Realizar un plan de acción para llegar a su objetivo.

TEMOR: A enfrentar.

CONDUCTA: Rechazo.

MECANISMO DE EVITACIÓN:

DEFLEXIÓN:
La persona evita enfrentar lo desagradable y prefiere evadirlo.

CARACTERÍSTICAS:
- Cambia el tema.
- Se ríe cuando habla de algo doloroso.
- Cuenta un chiste.
- Ignora lo que se le pregunta.

FRASES:
"Mejor lo evito".

EJEMPLOS:
"Mejor evito hablar de lo que siento, porque si lo digo me va a doler".

"Mejor me río para que no me duela".

MENSAJE INTROYECTADO: "No enfrentes".

Cuadro 1.11 Fase 6: Pre-contacto

7. Contacto

El objetivo de esta fase es lograr contactar con la satisfacción, y ocurre cuando ya estás en la solución —recibiendo ese abrazo, expresando tu tristeza, meditando, buscando actividades que te permitan contactar contigo mismo, etc.

Cuando las personas no logran llegar a la solución es debido a un bloqueo. Según Salama, es el mecanismo de evitación llamado "confluencia" y surge cuando existe el mensaje "te dejarán". A partir de esto, se entiende que este mecanismo puede ser provocado por un abandono físico o emocional por parte de alguno o ambos padres en la infancia.

En la confluencia, la persona no logra distinguir un límite entre ella y el otro. Es decir, para el consultante es normal hacer lo que los otros dicen aunque él no quiera hacerlo, pues ya está acostumbrado a anularse, y se vuelve un seguidor de lo que los demás quieren.

Ejemplo: Un consultante menciona, "Ya estoy cansado de ayudar a mis padres a vender en su negocio, es algo que no me hace feliz y no me gusta. Pero si no lo hago yo, nadie más los va a ayudar". Yo le pregunté si había algún motivo por el que decidía seguir ayudándolos, a lo que respondió: "Mis padres ya están cansados, además están acostumbrados a que yo les ayude. Y, aunque tengo más hermanos, pienso que si les dejo de ayudar seré mal hijo, por eso mejor me esperaré a que mi mamá decida cerrar su negocio, pues ya me dijo que en tres meses más lo va a cerrar, probablemente", y aunque pasaron más de tres meses y su mamá no cerró el negocio, él siguió ayudándoles pese a su inconformidad con ello.

En lo anterior se observa cómo se puede renunciar a anhelos y sueños por seguir lo que los padres esperan. La persona puede buscar complacerlos aunque se anule a sí misma y esto la lleve a sentirse inconforme e insatisfecha. En resumen, en la confluencia se encuentran aquellas personas que buscan complacer a los demás, pasando por alto lo que necesitan o quieren para ellas mismas.

Cuando no está resuelta esta parte del ciclo de la experiencia, según Salama, las personas suelen disfrazarlo con la frase "tú mandas".

Según Salama, la pregunta a trabajar es:

• ¿Qué es lo peor que podría pasar si dices o haces lo que quieres?

A estas, yo agregaría las siguientes preguntas:

• ¿Qué gano y qué pierdo obedeciendo?
• ¿Para qué obedezco a los demás?

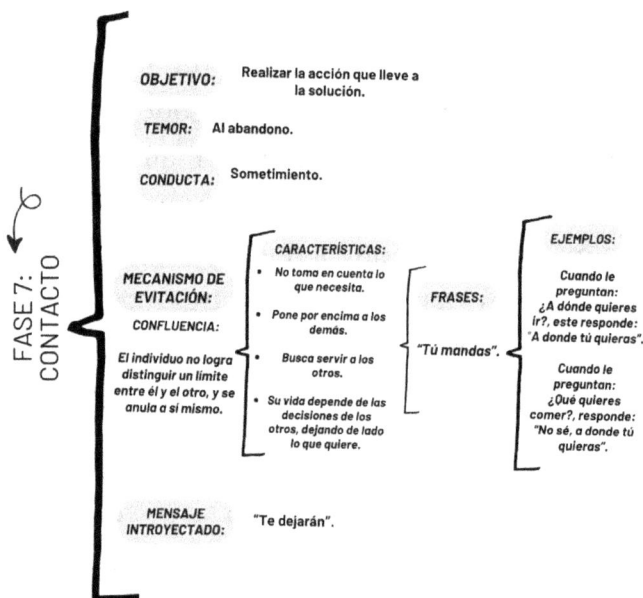

FASE 7: CONTACTO				
OBJETIVO:	Realizar la acción que lleve a la solución.			
TEMOR:	Al abandono.			
CONDUCTA:	Sometimiento.			
MECANISMO DE EVITACIÓN: **CONFLUENCIA:** El individuo no logra distinguir un límite entre él y el otro, y se anula a sí mismo.	**CARACTERÍSTICAS:** • No toma en cuenta lo que necesita. • Pone por encima a los demás. • Busca servir a los otros. • Su vida depende de las decisiones de los otros, dejando de lado lo que quiere.	**FRASES:** "Tú mandas".	**EJEMPLOS:** Cuando le preguntan: ¿A dónde quieres ir?, este responde: "A donde tú quieras". Cuando le preguntan: ¿Qué quieres comer?, responde: "No sé, a donde tú quieras".	
MENSAJE INTROYECTADO:	"Te dejarán".			

Cuadro 1.12 Fase 7: Contacto

8. Post-contacto

En esta fase ya se está en la desenergetización, ya habiendo contactado con la solución, llegando a un estado de desahogo. La persona podría decir: "Ahora que ya hablé con mi amiga ya me siento más desahogada y mi tristeza disminuyó".

Cuando las personas no logran identificar cómo satisfacer sus necesidades es debido a un bloqueo. Según Salama, es el mecanismo de evitación llamado "fijación", y surge cuando existe el mensaje "estarás solo". A partir de esta propuesta, entiendo que esto puede ser provocado por algún recuerdo de la infancia en donde la persona se sintió desprotegida, no tomada en cuenta, rechazada, o ignorada.

En la fijación, la persona tiene la necesidad de seguir en ese contacto, pues no puede estar lejos de esa relación con el alcohol, el tabaco, amistades, pareja, familia, trabajo, etc.

Tenemos como ejemplo el caso de una chica que se sentía triste por el abandono de su padre. Si ella no hubiera logrado el contacto y en lugar de hablar de lo que sentía se lo hubiera guardado, tal vez podría haber llegado a la fijación, quedándose en una relación donde fuera codependiente, y aquella atención que no recibió de su padre la volcaría en su novio, amistades o trabajo.

Cuando no está resuelta esta parte del ciclo de la experiencia, según Salama, las personas suelen disfrazarlo con la frase "No puedo dejar de…"

Según el autor, las preguntas a trabajar son:

- No lo hagas pero…¿Qué te pasaría si te desprendes de esas ideas fijas?

A esta, yo agregaría las siguientes pregunta:

- ¿Qué pasaría si dejo de depender de esa relación, persona, o eso que me cuesta dejar?
- ¿Qué es lo mejor y peor que podría pasar si dejo esa dependencia?
- ¿Qué o a quién perdí que estoy buscando en esta relación (laboral, personal, amorosa, económica etc.)?
- ¿A quién necesito perdonar?

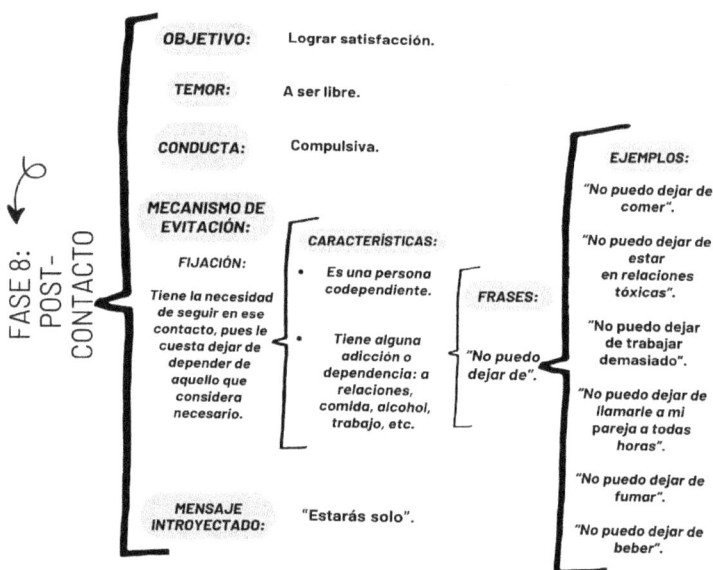

FASE 8: POST-CONTACTO

OBJETIVO: Lograr satisfacción.

TEMOR: A ser libre.

CONDUCTA: Compulsiva.

MECANISMO DE EVITACIÓN:

FIJACIÓN: Tiene la necesidad de seguir en ese contacto, pues le cuesta dejar de depender de aquello que considera necesario.

CARACTERÍSTICAS:
- Es una persona codependiente.
- Tiene alguna adicción o dependencia: a relaciones, comida, alcohol, trabajo, etc.

FRASES: "No puedo dejar de".

EJEMPLOS:
"No puedo dejar de comer".
"No puedo dejar de estar en relaciones tóxicas".
"No puedo dejar de trabajar demasiado".
"No puedo dejar de llamarle a mi pareja a todas horas".
"No puedo dejar de fumar".
"No puedo dejar de beber".

MENSAJE INTROYECTADO: "Estarás solo".

Cuadro 1.13 Fase 8: Post-contacto

Todo lo mencionado durante los mecanismos de evitación pasa por el diálogo interno del individuo, por lo tanto el individuo no siempre es consciente de este, simplemente reacciona evitando expresarse.

La Gestalt te invita a adentrarte con tus sensaciones y emociones para que posteriormente logres encontrar la solución a cada una de las vivencias que has ido teniendo, siempre tomando en cuenta la voluntad para querer cambiar, y la responsabilidad que tienes por cada una de tus decisiones, actitudes y emociones.

Seguramente, mientras lees las descripciones de las etapas y sus respectivos bloqueos, te identificas con una o varias fases. Esto lo podrás desglosar más a detalle en el último capítulo, a través de un ejercicio.

2. Mecanismo:
DESENSIBILIZACIÓN
- Evita sentir.
- Se culpa si siente.

*"No siento".
"Me da igual".
"Se que no debo sentirme así".

Mensaje introyectado:
"NO TE AMARÁN".

CICLO DE LA
EXPERIENCIA Y
BLOQUEOS

3. Mecanismo:
PROYECCIÓN
- Quiere que otro cumpla sus expectativas
- Culpa a otros.
*"Por culpa de".

Mensaje introyectado:
"TE DAÑARÁN".

2 SENSACIÓN

3 **FORMACIÓN**
DE FIGURA

1 REPOSO

1. Mecanismo:
POSTERGACIÓN
- Hay búsqueda constante por nuevas cosas sin terminar una.

*"No tengo tiempo".
"Luego lo hago".

- **Mensaje introyectado:**
- **"NO MERECES".**

MOVILIZACIÓN
4 **DE ENERGÍA**
4. Mecanismo: INTROYECTO
- "Debo".
- "Tengo"
Mensaje introyectado:
"TE RECHAZARÁN".

8 **POST-**
CONTACTO

8. Mecanismo:
FIJACIÓN
- Hay dependencia.
- Hay adicción a personas o situaciones.

"No puedo dejar de".

Mensaje introyectado:
"ESTARÁS SOLO".

7 CONTACTO

7. Mecanismo:
CONFLUENCIA
- Hay anulación propia.
- Pone a otros antes que sí mismo.
- Busca complacer.

"Tu mandas"

Mensaje introyectado:
"TE DEJARÁN".

5 ACCIÓN

5. Mecanismo:
RETROFLEXION VS
***PROFLEXIÓN**
- No expresa.
- Se daña.
- Somatiza.
- No pone límites.
- Se calla.
*Da lo que él quisiera.

"Mejor me aguanto".
"Mejor me callo".

Mensaje introyectado:
"NO ACTÚES".

6 **PRE-**
CONTACTO

6. Mecanismo: DEFLEXIÓN
- Evita hablar de lo que siente.
- Cambia de tema.
- Ignora.
- Ríe.

"Mejor lo evito".

Mensaje introyectado:
"NO ENFRENTES".

Cuadro 1.14 Se observa cada fase con su mecanismo de evitación. Aparecen también las acciones características de cada mecanismo, las frases que hay en ellos y los mensajes introyectados.

II

La neurosis

La neurosis es el sufrimiento de un alma
que no ha descubierto su significado.

Carl Jung, fundador de la psicología analítica

¿Qué es la neurosis?

Según diversos autores, el término neurosis fue intro-
ducido por William Cullen, aunque existen diferentes
versiones sobre el año: algunos lo refieren en 1769 y otros
en 1777. Cullen definía la neurosis como una enfermedad
de origen nervioso. Sin embargo, no fue hasta 1801-1900
cuando el concepto de neurosis tuvo mayor sentido, espe-
cialmente con Freud, quien enfatizó que se caracteriza
por una serie de síntomas, como la angustia y los estados
depresivos. Estos síntomas reflejan dificultades del individuo para adaptarse a diversas situaciones, acompañados
de problemas emocionales persistentes y manifestaciones
tanto físicas como psicológicas. Además, esto puede estar
influenciado por experiencias previas que llevaron a la
persona a desarrollar la neurosis.

Por lo tanto, la neurosis es un conjunto de conductas que se desarrollan a lo largo de la vida y que llevan a la persona a responder de manera específica ante situaciones difíciles, como un mecanismo de protección frente a posibles amenazas. Estas conductas están profundamente influenciadas por las experiencias y vivencias personales.

¿Cómo surge la neurosis?

Según Freud, la neurosis surge cuando hay un conflicto entre los deseos personales y las expectativas o demandas de la sociedad, y aparece cuando una persona no puede pensar con claridad porque el miedo, la ansiedad o el dolor que le genera una experiencia pasada le afecta significativamente y esto influye en su manera de percibir y enfrentar la realidad, lo cual lo lleva a desarrollar una serie de conductas que no le permiten disfrutar su día a día, pues vive con temores constantes ante lo que pueda suceder. A pesar de esto, la mayoría de ellos tienen la capacidad de trabajar y establecer sus actividades diarias de forma normal y común, aunque en ocasiones les es difícil hacerlo por actitudes o acciones que los pueden sobrepasar. Es decir, son capaces de tener contacto emocional con la realidad, sin embargo, no se sienten del todo conformes con actitudes propias o pensamientos causados por el miedo que los llevan a los mecanismos de evitación.

Cuando vivimos un suceso traumático y doloroso, lo almacenamos en el inconsciente, y esta información más tarde nos lleva a adquirir una conducta repetitiva llamada compulsión. La compulsión genera más compulsiones y posteriormente nos lleva a la llamada neurosis.

Los introyectos que escuchamos desde pequeños los adjudicamos como propios y nos marcan de tal forma que dejamos de mostrarnos tal cual somos, dejando de lado nuestro ser. Aquí es cuando empezamos a cumplir expectativas de nuestros padres y de la sociedad, buscando complacerlos y dejando de escucharnos. Todos esos introyectos nos llevan a crear promesas a nivel inconsciente, promesas que provocan que al crecer formemos los mecanismos de evitación, impidiéndonos contactar con nuestro ser.

Ejemplos:

1. Una joven que desde pequeña había sentido el rechazo de sus padres, decía que sus papás no la escuchaban ni le ponían atención, y casi nunca tenían tiempo para ella. Con estas acciones y actitudes de sus padres, en su mente grabó el introyecto: "No soy importante y nadie me valora".

A nivel inconsciente su promesa fue que de ahí en adelante pasaría desapercibida, siendo un "cero a la izquierda". Es por esto que en el salón de clases era una chica retraída, solitaria y aislada, que en varias ocasiones era molestada por sus compañeros. Por lo tanto, intentaba buscar a sus maestros para sentirse protegida y defendida, pues de sus padres nunca logró sentir protección ni apoyo.

En este caso, la compulsión de esta chica era pasar desapercibida, esconderse, no querer socializar para evitar ser lastimada. Además se sentía indefensa y buscaba protección en figuras de autoridad que pudieran defenderla.

Cuando esa joven logró hacer consciente esto, pudo darse cuenta que ella no formaba parte de ese retraimiento o esa indefensión. Llegó a hacerse consciente de que podía defenderse, era capaz de poner límites, y que también puede cuidar de sí misma.

2. Una mujer que había visto desde pequeña los malos tratos de su padre hacia su madre, hacia ella y sus hermanas, al casarse pensó que era normal que su esposo la maltratara y que le exigiera tener relaciones. En su introyecto estaba la frase: "Es mi obligación tener relaciones sexuales con mi esposo, y es normal que me pegue". Cuando ella hace consciente que en ese recuerdo había aprendido a normalizar la violencia, se da cuenta de que poner límites y alzar la voz es algo de lo que no se cree capaz.

   Posteriormente, al hacer consciencia de esto, y tras un proceso de terapia, logró aprender a poner límites y pudo decir "no" al grado de decidir dejar a su esposo, para no seguir siendo lastimada.

Cabe resaltar que tuvieron que pasar varias sesiones y un largo proceso de terapia para que cada una de estas personas lograra ir modificando sus acciones, y disminuir su neurosis.

De acuerdo a lo anterior, el origen de la neurosis deriva de aquellas escenas emocionales e introyectos que crean promesas emocionales a nivel inconsciente con la finalidad de protegernos de algún peligro. Sin embargo, cuando el individuo se hace consciente de esto y se permite llevar un proceso terapéutico, logra renunciar a esa compulsión y cambiarla por una actitud más sana para sí mismo, permitiendo que poco a poco la neurosis disminuya.

La neurosis en la terapia Gestalt y sus repercusiones

Las exigencias sobre uno mismo, sobre los demás y sobre el mundo están en la base de la vulnerabilidad emocional; son la verdadera piedra fundacional del neuroticismo.

Rafael Santandreu, psicólogo español

Como podrás darte cuenta, los mecanismos de evitación son parte de la neurosis y son características que solemos tener las personas "funcionales" como tú y como yo.

Los síntomas de la neurosis varían de una persona a otra, de acuerdo a sus vivencias y personalidad, y dificultan que el individuo enfrente los mecanismos de evitación, impidiendo que contacte con su verdadero ser. La neurosis se refleja dentro de extremos y acciones opuestas, por ejemplo: imposición vs complacencia; exceso de tolerancia vs impaciencia; dependencia vs solitareidad, sobreexigencia vs irresponsabilidad, etc. Es decir, si en tu neurosis hay imposición o control, tu ser sería ser flexible y soltar el control; si en tu neurosis hay complacencia o sumisión, tu ser sería ser determinado y firme; si en tu neurosis hay una represión emocional, tu ser sería la expresión de tus emociones; si en tu neurosis hay un descontrol emocional, tu ser sería la autorregulación emocional, y así sucesivamente. En el caso de Eva, su ser sería poner límites y expresar su tristeza mientras que su neurosis sería la sumisión y la represión.

El individuo sólo logrará salir de la neurosis hasta que llegue a un punto medio y pueda estar en equilibrio, aunque eso implique que viva cada extremo para lograr nivelarse. Si no logra encontrar un equilibrio y avanza aún más su neurosis, en los peores casos la persona podría llegar a la psicosis, llevándola a perder el contacto con la realidad y dejar de lado la autorresponsabilidad, pues en ese caso no tendría la capacidad para hacerlo. Por lo tanto, desde la psicosis, no sería apto para la terapia Gestalt. (En el último capítulo encontrarás un ejercicio que te llevará a descubrir tus compulsiones y su origen.)

En resumen, la neurosis son todas aquellas conductas o acciones propias que te lastiman y dañan, y que fueron aprendidas en los primeros años de tu vida con la finalidad de protegerte. Por otra parte, el ser es todo aquello que forma parte de tu autenticidad: quien realmente eres pero no has podido mostrar por las limitaciones a las que te viste inmerso en tus escenas emocionales cuando eras muy pequeño; por lo tanto, esto lleva a que tu ser sea cubierto por la neurosis. De no poder salir de la neurosis y elevarla, el individuo podría llegar a la psicosis, lo cual no le permitiría llegar a un proceso terapéutico Gestalt.

Síntomas de la neurosis

Tomando en cuenta la información rescatada de varios autores, considero los siguientes puntos:

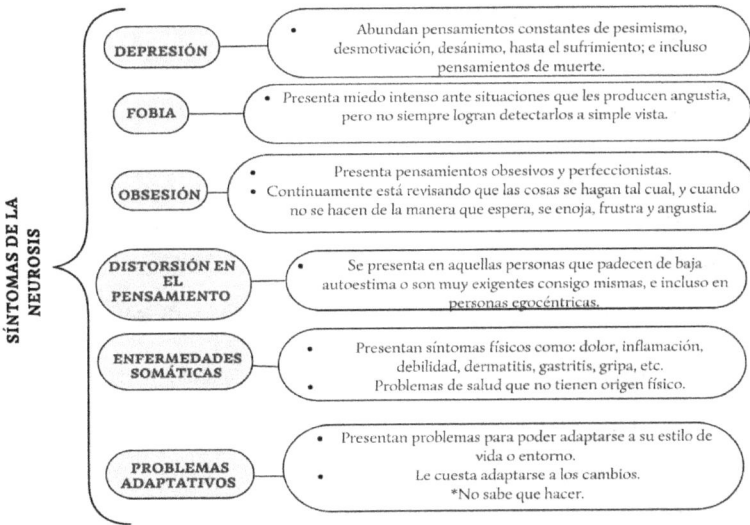

SÍNTOMAS DE LA NEUROSIS		
	DEPRESIÓN	• Abundan pensamientos constantes de pesimismo, desmotivación, desánimo, hasta el sufrimiento; e incluso pensamientos de muerte.
	FOBIA	• Presenta miedo intenso ante situaciones que les producen angustia, pero no siempre logran detectarlos a simple vista.
	OBSESIÓN	• Presenta pensamientos obsesivos y perfeccionistas. • Continuamente está revisando que las cosas se hagan tal cual, y cuando no se hacen de la manera que espera, se enoja, frustra y angustia.
	DISTORSIÓN EN EL PENSAMIENTO	• Se presenta en aquellas personas que padecen de baja autoestima o son muy exigentes consigo mismas, e incluso en personas egocéntricas.
	ENFERMEDADES SOMÁTICAS	• Presentan síntomas físicos como: dolor, inflamación, debilidad, dermatitis, gastritis, gripa, etc. • Problemas de salud que no tienen origen físico.
	PROBLEMAS ADAPTATIVOS	• Presentan problemas para poder adaptarse a su estilo de vida o entorno. • Le cuesta adaptarse a los cambios. *No sabe que hacer.

Cuadro 2.1: Síntomas de la neurosis

Para que te sea más entendible la manera en que influyen las fobias en la neurosis y en la obsesión, a continuación te daré algunos ejemplos:

EJEMPLOS FOBIAS Y OBSESIONES

	FOBIAS	OBSESIONES
AQUELLAS PERSONAS QUE...	• Temen que las engañen porque en otra relación fueron engañadas. • Temen al compromiso, y no tienen una relación estable, por lo que viven saltando de una relación a otra; al grado de poder llegar a la infidelidad. • Tienen miedo a la soledad, y constantemente están buscando tener pareja; y aunque no se sientan satisfechas o convencidas de estar en esa relación, deciden quedarse. • No han tenido pareja, y dicen que no quieren, pero en el fondo hay miedo a ser lastimados. • No tienen amigos y dicen que no los necesitan, pero en realidad tienen miedo de socializar, o temen que vuelvan a traicionarles. • Quieren independizarse, pero por miedo al fracaso prefieren quedarse en su zona de confort.	• Se obsesionan en cuestiones laborales, y priorizan su trabajo antes que cualquier cosa. • Están obsesionadas con su pareja, buscando atención y amor. • Compran muchas cosas innecesarias. • Son muy exigentes con el aseo o limpieza. • Tienen rutinas específicas y deben cumplirlas al pie de la letra (hacer determinadas cosas de la misma forma, ir a los mismos lugares, etc.) • Ordenar por colores, tamaños o de determinada manera, y si no lo ordenan de esa manera, se angustian.

Cuadro 2.2 Ejemplos de fobias y obsesiones

De acuerdo a lo anterior, existen fobias que no se identifican a simple vista, pero salen a relucir en situaciones específicas. Estas fobias te impiden tomar decisiones.

Por ejemplo una persona que constantemente se sabotea al elegir una carrera y dice que no sabe realmente por cuál decidirse, pero, en el fondo, hay un miedo profundo a enfrentarse a la vida y fracasar. En este caso no se ve claramente su miedo profundo al fracaso, pero se muestra reflejado en la forma en la que se sabotea constantemente.

Aunque la persona pueda seguir su vida normal y común, cada uno de estos síntomas afectará de forma significativa su vida diaria, evitando que lleve a cabo actividades y tome decisiones importantes.

Mecanismos de evitación de la neurosis

Algunos de los mecanismos de evitación que se pueden presentar en estos síntomas son los siguientes:

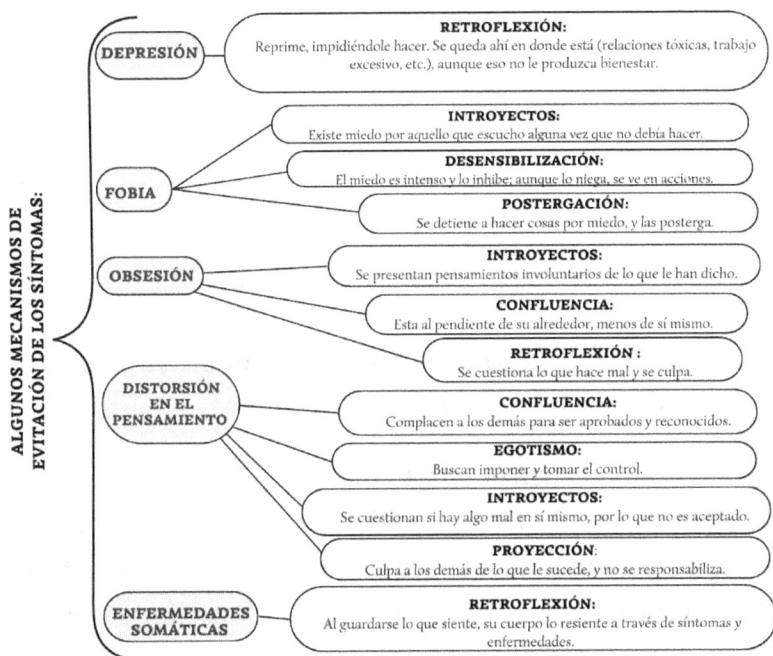

ALGUNOS MECANISMOS DE EVITACIÓN DE LOS SÍNTOMAS:

DEPRESIÓN
RETROFLEXIÓN:
Reprime, impidiéndole hacer. Se queda ahí en donde está (relaciones tóxicas, trabajo excesivo, etc.), aunque eso no le produzca bienestar.

FOBIA
INTROYECTOS:
Existe miedo por aquello que escucho alguna vez que no debía hacer.
DESENSIBILIZACIÓN:
El miedo es intenso y lo inhibe; aunque lo niega, se ve en acciones.
POSTERGACIÓN:
Se detiene a hacer cosas por miedo, y las posterga.

OBSESIÓN
INTROYECTOS:
Se presentan pensamientos involuntarios de lo que le han dicho.
CONFLUENCIA:
Esta al pendiente de su alrededor, menos de sí mismo.

DISTORSIÓN EN EL PENSAMIENTO
RETROFLEXIÓN:
Se cuestiona lo que hace mal y se culpa.
CONFLUENCIA:
Complacen a los demás para ser aprobados y reconocidos.
EGOTISMO:
Buscan imponer y tomar el control.
INTROYECTOS:
Se cuestionan si hay algo mal en sí mismo, por lo que no es aceptado.
PROYECCIÓN:
Culpa a los demás de lo que le sucede, y no se responsabiliza.

ENFERMEDADES SOMÁTICAS
RETROFLEXIÓN:
Al guardarse lo que siente, su cuerpo lo resiente a través de síntomas y enfermedades.

Cuadra 2.3: Mecanismos de evitación de los síntomas

Estratos neuróticos

La neurosis, de acuerdo con Perls (1975) y basado en Ángeles Martín en "Manual práctico de psicoterapia Gestalt", se desarrolla en cinco estratos:

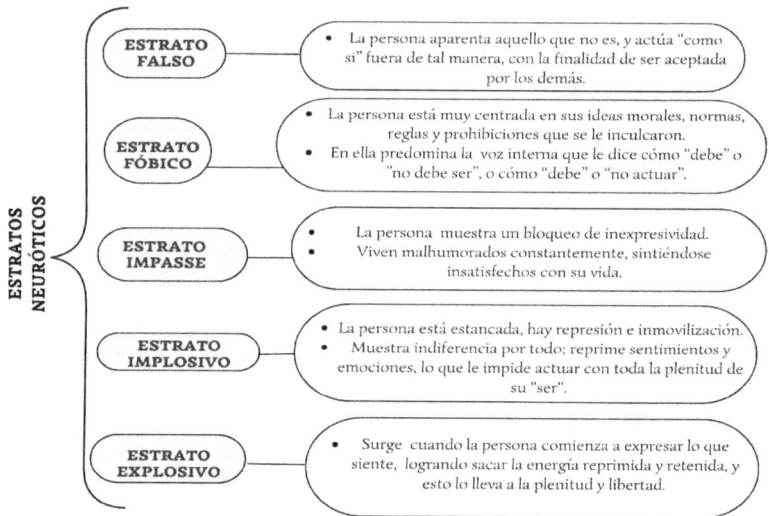

ESTRATOS NEURÓTICOS

ESTRATO FALSO
- La persona aparenta aquello que no es, y actúa "como si" fuera de tal manera, con la finalidad de ser aceptada por los demás.

ESTRATO FÓBICO
- La persona está muy centrada en sus ideas morales, normas, reglas y prohibiciones que se le inculcaron.
- En ella predomina la voz interna que le dice cómo "debe" o "no debe ser", o cómo "debe" o "no actuar".

ESTRATO IMPASSE
- La persona muestra un bloqueo de inexpresividad.
- Viven malhumorados constantemente, sintiéndose insatisfechos con su vida.

ESTRATO IMPLOSIVO
- La persona está estancada, hay represión e inmovilización.
- Muestra indiferencia por todo; reprime sentimientos y emociones, lo que le impide actuar con toda la plenitud de su "ser".

ESTRATO EXPLOSIVO
- Surge cuando la persona comienza a expresar lo que siente, logrando sacar la energía reprimida y retenida, y esto lo lleva a la plenitud y libertad.

Cuadro 2.4 Estratos neuróticos

En conclusión, los estratos son todas aquellas fases que un individuo pasa para llegar a la estabilidad.

Primeramente, en el estrato falso se van a rechazar partes propias que no le agradan al individuo, e intentará mostrarse de otra forma para ser aceptado. Posteriormente, en el estrato fóbico, se comportará como la sociedad le dice que debe comportarse. Lo anterior generará que llegue al estrato impasse en donde bloqueará lo que siente, llevándolo a una insatisfacción en su vida. Mas tarde, en el estrato implosivo vivirá estancado, sin tomar decisiones, autosaboteándose constantemente. Todo esto lo orillará a iniciar un proceso terapéutico que le permitirá llegar al estrato explosivo, impulsándolo a expresarse y tomar decisiones asertivas que lo lleven a un equilibrio en su vida.

III

Las heridas y el niño interior

Tu niño interior está presente cuando te encuentras con un viejo amigo, cuando ríes a mandíbula batiente, cuando eres creativo y espontáneo o cuando te impresionas ante un paisaje muy hermoso.

Anónimo

Considero que el niño interior es esa parte sensitiva, creativa, emocional, sincera, sencilla, amorosa y tierna que todos solemos cargar a lo largo de nuestra vida. Ese niño que alguna vez fuimos y estuvo lleno de esperanzas, expectativas, motivaciones, ilusiones y sueños ante la vida; aquél que iba en busca de amor, cariño, protección y seguridad, pero como en algún momento de su vida se sintió carente y vacío, esto lo llevó a mostrarse inseguro, tímido, triste, miedoso, desprotegido y solo, ocasionando que cargara consigo heridas que le provocaron sentirse incapaz de realizar proyectos y sueños, impidiéndole tomar decisiones tanto en aspectos profesionales como personales.

Es importante tener un acercamiento y reconciliación con ese niño interior que dejamos en el olvido, en la desprotección, en la soledad, en el aislamiento, en el desamor, en el rechazo, en el miedo, en la desesperanza, en la tristeza y en la pena, pues, de no ser así, dejaremos que ese niño herido domine nuestra vida, provocando que nuestros miedos e inseguridades nos hagan reaccionar en cada área de vida de forma inadecuada. Esto nos generará problemas no sólo a nivel personal, sino a nivel laboral y/o profesional. Cuando no somos capaces de darle un poco de nuestro amor a ese niño interior por centrarnos en nuestros problemas y preocupaciones, olvidamos todas esas carencias que el niño interior tiene, no nos permitimos enfocarnos en esa parte emocional que necesitamos para sanar esas heridas que aún siguen abiertas, preferimos evadirlas y evitarlas para que no duelan, siendo que en realidad sólo estamos prolongando esa agonía emocional de pertenencia, de apoyo, de falta de amor, de seguridad y protección que nos pide a gritos nuestro niño interior.

Cuando nos volvemos partícipes de una crianza, como papás, maestros, tíos, etc., vuelven a florecer nuestras heridas, puesto que volvemos a identificarnos y sensibilizarnos con situaciones de nuestra niñez. Incluso cuando tenemos cercanía con personas mayores, esto nos hace sensibilizarnos ante nuestras emociones, nuestro amor, ternura, y solidaridad. Sin embargo, cuando no han sido sanadas esas heridas y nos reencontramos con un niño, vemos nuestro reflejo en él. Esto produce que no sepamos cómo acercarnos y así podemos repetir situaciones de rechazo por miedo a aceptar esa parte que fuimos y que tanto nos duele. De ser así, podremos convertirnos en los padres que no quisiéramos para nosotros.

De igual forma sucede al reencontrarnos con un viejo amigo de la infancia, pues al verlo nos vienen recuerdos a la mente de nuestra niñez. También volvemos a reencontrarnos con ese niño interior cuando reímos, cuando lloramos, cuando soñamos, cuando cantamos, cuando bailamos, cuando dibujamos. Con todo esto volvemos a ver en nosotros ese niño que reía, que jugaba y que anhelaba crecer para cumplir todos sus sueños. Sin embargo, cuando crecemos nos olvidamos de ese pequeño niño que con gran amor e ilusión ansiaba crecer para cumplir uno a uno esos sueños. A ese niño lo hemos defraudado porque a veces nos hemos rendido en nuestro pesimismo, en nuestro estrés, en nuestra ansiedad y preocupación; nos hemos dado por vencidos, evitando así lograr esos sueños que él ansiaba con todo su corazón.

Le has fallado a ese ser lleno de motivaciones e ilusiones, le has puesto obstáculos, diciéndole que no es capaz de lograrlas, que no puede realizarlas, que la vida es dura y nada es fácil, como alguna vez lo escuchó de sus padres. Te has centrado en tu abrumación, enojo y negatividad, truncándole sus sueños, sus metas y proyectos. Vives poniéndole trabas, diciéndole que la gente lo seguirá rechazando, que debe seguirse mostrando poca cosa para los demás, reflejando esto a través de su inseguridad, miedo e incapacidad. Es por esto que el día de hoy es hora de permitirte reencontrarte con él, es hora de permitirle dejar que logre sus sueños, que le permitas triunfar, reír, amar, creer; hacerle saber que sí puede lograr sus metas a base de esperanza, fe, optimismo y persistencia.

Para lograr sanar a tu niño interior, es importante que conozcas las características que tiene un niño interno sano y un niño interno insano que posteriormente lo llevan a tener conductas en su adultez sanas o insanas. Sin embargo, en ocasiones las conductas insanas que tuviste en tu niñez no precisamente van a ser arrastradas hasta tu adultez, y talvez podrás ver que pasaste de alguna conducta del niño interior insano al adulto sano; o, por el contrario, podrás identificar conductas de tu niñez sanas que posteriormente se convirtieron en conductas insanas. Más adelante te explicaré cómo es que se da esta incongruencia, y cuándo surge.

A continuación se muestra un cuadro donde se especifican las conductas características de un niño interior sano que posteriormente lleva a un adulto sano, y de un niño interior insano que lleva a conductas insanas en la adultez.

NIÑO INTERIOR SANO	ADULTO SANO	NIÑO INTERIOR INSANO	ADULTO INSANO
• Empático.	• Solidario.	• Inmediatista.	• Intransigente.
• Leal.	• Confiable.	• Desleal.	• Desconfiado.
• Tolerante: Sabe esperar su turno.	• Negocia. • Flexible.	• Caprichoso • Chantajista • Berrinchudo • Demandante • Desesperado.	• Manipulador. • Necio.
• Travieso. • Juguetón.	• Libre.	• Maldoso.	• Perverso.
• Cariñoso.	• Amoroso.	• Poco cariñoso.	• Indiferente.
• Curioso. • Preguntón.	• Hambre de saber y conocer • Comprometido • Responsable	• Indecisión.	• Inconstancia.
• Divertido .	• Se da espacio para sí mismo y para los demás.	• Aburrido.	• No se da descanso, ni tiempo para sí mismo.
• Extrovertido .	• Sociable.	• Introvertido.	• Se aisla.
• Auténtico: Se muestra tal cual es.	• Seguro.	• Miedoso.	• Inseguro. Muestra a alguien que no es.
• Decidido.	• Determinado • Perseverante Persistente • Tenaz • Cauteloso • Sensato	• Arrebatado.	• Impulsivo.
• Atrevido.	• Osado: Se enfrenta a dificultades con energía y entereza. • Prudente.	• Arriesgado. • imprudente.	• Temerario: Valiente de forma imprudente.
• Desobediente: Sabe cuándo decir sí y cuándo decir no (no se deja manipular).	• Firme.	• Rebelde: Lleva la contraria, diciendo que no, aunque quiera decir que sí. • Obediente: Dice que sí a todo, aunque no esté de acuerdo.	• Es manipulable. • Es complaciente.
• Egoísta: Se ve a sí mismo, pero no deja de ver a los demás.	• Afirmado: Se conoce y se valora.	• Egocéntrico: Solo se ve a sí mismo, y no a los demás.	• Vanidoso. • Celoso. • Envidioso.
• Honesto. • Sincero.	• Directo.	• Agresivo. • Grosero.	• Explosivo. • Violento. • Impositivo. • Autoritario. • Controlador.

Cuadro. 3.1 Características del niño interno sano-insano vs. el adulto sano-insano.

De acuerdo con lo anterior, se puede observar de qué manera las conductas insanas de la niñez te llevan a conductas insanas en la adultez. Por lo tanto, podemos concluir que las conductas sanas o insanas son adquiridas desde temprana edad, dependiendo la seguridad, protección y afecto que se recibió de los padres.

Teoría del niño herido y la influencia de la neurosis

> *La consciencia de mi existencia viene de la onsciencia de haber sido amado por mis padres.*
>
> Alejandro García, Director INTEGRO Bajío

Cuando reaccionamos ante una emoción de cierta manera es porque hemos aprendido a actuar así, debido a lo que se detallará en esta y en la siguiente página.

TEORÍA DEL NIÑO HERIDO Y LA INFLUENCIA EN LA NEUROSIS

PROMESAS EMOCIONALES

Son aquellas promesas que te haces a ti mismo a nivel inconsciente, con la finalidad de no volver a hacer aquello por lo que alguna vez te lastimaron.
Evitando así volver a ser juzgado por alguna acción o conducta que tuviste en aquella ocasión.

Por ejemplo: no volver a llorar, reír, enojarte, expresarte, abrazar, defenderte, etc.

ESCENAS EMOCIONALES

Son aquellos recuerdos (de tu infancia) de algo que te lastimó y que te causó un trauma. (Te ofendieron cuando eras pequeño, viste a tus papás pelear, te agredieron, te regañaron, etc.).

Es decir, aquello que te llevó a la neurosis, y que lo aprendiste con la finalidad de protegerte.

COMPULSIÓN

Tendencia a comportarte de una forma específica, llevándote a que esa actitud o acción negativa se vuelva hábito.

NEUROSIS

Conjunto de compulsiones que te desconectan de tu ser.

Cuadro 3.2 Niño herido e influencia en la neurosis

Es importante mencionar que la promesa emocional se hace inconscientemente, no es algo que se piense y se diga: "Dejaré de hacer esto", simplemente esa conducta desaparece y es reemplazada por una conducta contraria a la que se acostumbraba hacer.

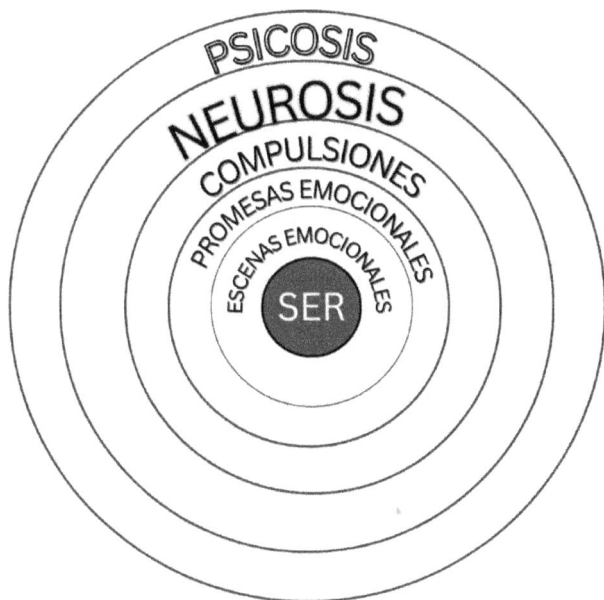

Fig. 3.3 Círculo de neurosis vs. psicosis

En la figura 3.3 se pueden observar las distintas capas por las que pasa el ser. El ser es transformado tras escenas emocionales que generan promesas emocionales, llevándolo a compulsiones y, posteriormente, a la neurosis, que, de no ser tratada, en algunos casos se convertirá en psicosis.

Cabe destacar que esta información fue recopilada durante mi Diplomado de Desarrollo Humano con la psicoterapeuta Libertad Licea, lo que constituyó un aprendizaje fundamental que me llevó a profundizar, fomentando mi interés por continuar en mi formación como psicoterapeuta Gestalt.

IV

Emociones, sentimientos y estados emocionales

Las emociones no son molestias que deban ser descargadas. Las emociones son los motores más importantes de nuestro comportamiento.

Fritz Perls

Antes de adentrarnos en este tema, es importante diferenciar entre las emociones, sentimientos y estados emocionales. En éste capítulo nos enfocaremos sólo en las emociones básicas, puesto que en la terapia es importante trabajar a profundidad con ellas para lograr maneras más asertivas de hacerles frente.

Estas emociones son:

- Miedo
- Ansiedad (derivada del miedo)
- Tristeza

- Enojo
- Alegría

DIFERENCIA ENTRE EMOCIÓN, SENTIMIENTO Y ESTADO AFECTIVO

EMOCIÓN	SENTIMIENTO	ESTADO AFECTIVO
Significado: Latín "emovere" que significa agitar. (Torrabadela,P;2001) Es una reacción bioquímica y neurofisiológica causada por la liberación de neurotransmisores. **Se encarga de:** Organizar las respuestas de distintos sistemas biológicos. (nervioso y endocrino). Por ejemplo: las expresiones faciales, tonos de voz, etc. **Surge:** Al reaccionar ante un acontecimiento repentino. **Predominan:** Reacciones involuntarias e inconscientes, y son neurofisiológicas (taquicardia, sudoración, presión arterial, etc.) **Intensidad:** Mayor **Duración:** De segundos a algunos minutos.	Es una combinación de emoción y pensamiento. Son todas aquellas ideas o pensamientos que le llevan a sentir esto. **Surge:** Cuando el cerebro interpreta las emociones. **Predomina:** Parte neurofisiológica, comportamental y cognitiva. **Intensidad:** Puede variar. **Duración:** Desde horas hasta semanas o meses.	Es un estado de ánimo, que al ser prolongado puede convertirse en una actitud o rasgo de personalidad. **Surge:** En un momento determinado, y suele ser persistente y continuo. **Predomina**: Una emoción y sentimiento a lo largo del tiempo, que lleva a convertirla en parte propia. **Intensidad:** Puede variar. **Duración:** Desde días hasta semanas.

Cuadro 4.1: Emoción, sentimiento y estado afectivo

A modo de conclusión, la emoción es una reacción psico-fisiológica —no se puede ocultar su expresión a simple vista— y ocurre de manera automática y espontánea. No se piensa, sólo sucede y se expresa repentinamente en el momento en que surge alguna situación externa. Mientras tanto, el sentimiento es la interpretación de alguna, o algunas, emoción(es) dada(s); es decir, la forma en que se interpreta y procesa una emoción al paso de los minutos.

Ejemplo: Ves a una persona pidiendo dinero, sientes tristeza y posteriormente viene un sentimiento de compasión al pensar en su sufrimiento, lo que te hace acercarte y darle unas monedas.

Finalmente, el estado afectivo surge después de un sentimiento y/o emoción, y posteriormente puede llegar a convertirse en una actitud y rasgo de personalidad. Dentro de un estado afectivo, aquella persona que guarda mucha tristeza puede adquirir un rasgo de personalidad que le lleve a ser introvertido o aislado, mientras que la persona que guarda mucho enojo puede volverse una persona dura, fría, resentida, hostil, violenta, etc., o la persona que guarda miedo podrá adquirir actitudes de timidez e inseguridad. Todo esto será explicado más detalladamente más adelante.

Emoción pantalla vs. emoción básica o real

Ante una situación o un hecho desencadenante, existen dos tipos de emociones: emoción pantalla y emoción básica o real.

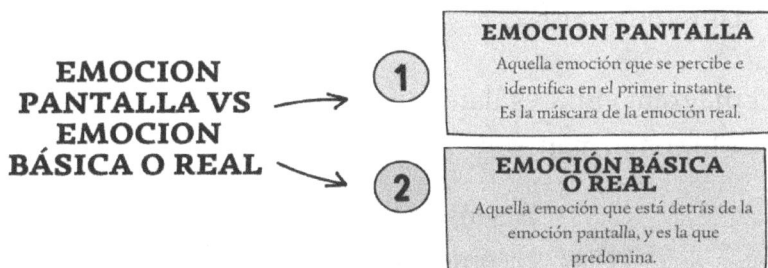

EMOCION PANTALLA VS EMOCION BÁSICA O REAL → ①

EMOCION PANTALLA
Aquella emoción que se percibe e identifica en el primer instante. Es la máscara de la emoción real.

② **EMOCIÓN BÁSICA O REAL**
Aquella emoción que está detrás de la emoción pantalla, y es la que predomina.

Cuando pasamos por una situación podemos percibir una emoción al instante, pero detrás de esa en realidad hay otra emoción.

Ejemplo: Un consultante menciona que tiene miedo de conquistar a alguna chica, pues cuando lo ha intentado se ha trabado y luego no sabe de qué platicar. La primera emoción pantalla que manifiesta es miedo. Esa emoción sería identificada en primera instancia, mientras que la emoción básica o real sería tristeza. Él menciona que en realidad se siente muy triste de no poder tener una pareja, pues le cuesta tener confianza para armarse de valor, y evitar estar pensando que todo saldrá mal.

Otro consultante menciona estar enojado con su hijo, pues cuando le habla solamente es para pedirle dinero, y dice que ya está cansado de eso. Por lo tanto, la emoción pantalla que detona es el enojo, y la emoción básica o real es la tristeza. Es así como surge la emoción pantalla y la emoción básica o real dentro de cada situación vivida o hecho desencadenante. Sin embargo, cuando logramos identificarlas, es más sencillo confrontarlas.

Diagrama SER

El diagrama SER es llamado de tal forma por las iniciales que lo conforman.

S: sensación corporal
E: emoción
R: reacción

A continuación, te mostraré cómo funciona:

DIAGRAMA SER:

S	E	R
SENSACIÓN CORPORAL:	**EMOCIÓN:**	**REACCIÓN:**
Dolor de cabeza, dolor de estómago, hormigueo, cansancio, etc.	Enojo, tristeza , miedo, alegría, etc.	Llorar, gritar, aislarse, explotar, aguantarse, reprimirse, etc.

Cuadro 4.2 Diagrama S.E.R

La "S", sensaciones corporales: ahí se encuentran todos aquellos síntomas físicos que puede desencadenar una emoción. La "E", emociones generadas por las sensaciones, y la "R" es la reacción, es decir, el impulso al cual recurrimos tras esa emoción. En este diagrama puedes ver claramente cómo una sensación lleva a una emoción y, posteriormente, esta te llevará a una reacción.

Ahora que tienes más claro el proceso de la emoción, te explicaré una a una las emociones, cómo se conforman, y algunos sentimientos y actitudes que pueden surgir de ellas.

Las emociones principales y sus derivados

Para comenzar, es importante mencionar algunas de las emociones de las cuales derivan otras emociones, sentimientos y estados emocionales. Aunque existen más, en esta ocasión sólo mencionaré las más significativas.

EMOCIONES	EMOCIONES DERIVADAS	SENTIMIENTOS DERIVADOS	ESTADOS EMOCIONALES DERIVADOS
MIEDO	• Temor • Ansiedad	• Inseguridad • Timidez	• Fobia • Pavor • Confusión • Estrés • Intranquilidad • Preocupación. • Angustia
TRISTEZA	• Verguenza	• Nostalgia • Desilusión • Desengaño • Decepción • Desesperanza • Soledad • Desamparo • Compasión • *CULPA	• Hastío o desgano • Melancolía
ENOJO	• Rabia • Ira • Envidia	• Odio • Frustración • Celos • *CULPA • Rencor	• Hostilidad
ALEGRÍA		• Satisfacción • Amor • Ternura • Ilusión • Esperanza • Admiración • Orgullo • Gratitud	• Felicidad • Euforia • Éxtasis • Serenidad

Cuadro 4.3 Emociones principales y sus derivados

Todas las emociones cumplen una función de supervivencia, y es por esto que no hay emociones buenas o malas, puesto que todas tienen una función que nos lleva a resolver situaciones en la vida. Si cambiamos nuestra idea sobre estas, dejando de etiquetarlas, sería más fácil contactar con ellas de una forma más asertiva, sin huir.

MIEDO

El miedo es una de las emociones básicas cuya función es protegernos de peligros o amenazas. Algunas de las características principales son: alteración de la respiración, taquicardia, dificultad en la circulación de la sangre, alerta cerebral, contracción de músculos, sudoración y/o sensación de frialdad.

Al sobrepasar su intensidad, se convierte en la emoción de ansiedad.

Te mencionaré cada grado e intensidad del miedo para que puedas empezar a diferenciar cuál es la emoción, el sentimiento o estado afectivo dentro del termómetro del miedo.

Miedo.- Reacción emocional inmediata que, al percibir una amenaza, activa nuestro sistema de alerta y nos impulsa a buscar protección o escapar del peligro.

Los grados del miedo, de menor a mayor, son los siguientes:

1. Temor: Menor al miedo, generado ante algo que puede o no suceder. (Emoción)

2. Miedo (Emoción)

3. Fobia: Existe un miedo intenso hacia ciertas cosas, situaciones u objetos que, en circunstancias normales, no deberían ser motivo de temor. Este miedo puede llegar a ser tan abrumador que interfiere en la vida diaria de la persona,

llevándola incluso a evitar situaciones o cosas específicas para no verse afectada. (Estado afectivo)

4. Pavor, pánico o terror: Es un estado afectivo que surge como respuesta repentina a un miedo extremo, durante el cual suele haber una sensación de pérdida de control, acompañada de síntomas físicos como temblores, palpitaciones, dificultad para respirar, mareos y la sensación de estar a punto de morir. (Estado afectivo)

TERMÓMETRO MIEDO

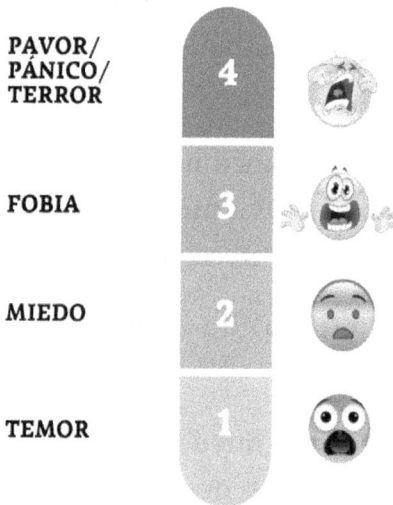

Figura 4.4 Termómetro del miedo

Actitudes derivadas del miedo:

Cuando una persona se siente intimidada por el miedo, de modo que la paraliza y le impide alcanzar objetivos o realizar proyectos, esto le llevará a adquirir actitudes inconscientes como sentir constante rechazo, humillación, susto, ansiedad, inseguridad, o mostrarse sumisa. De estas actitudes surgirán otras:

- Rechazado: aislado y desamparado
- Humillado: irrespetado y ridiculizado
- Asustado: espantado y aterrado
- Ansioso: preocupado y agobiado
- Inseguro: inferior e insuficiente
- Sumiso: insignificante e inútil

Las personas que constantemente muestran estás actitudes lo hacen porque no han sabido manejar asertivamente la emoción del miedo, y, por lo tanto, se vuelve parte de estas.

A continuación te mostraré un gráfico donde verás lo mencionado anteriormente.

Gráfico A

La información de este gráfico y de los apartados B, C y D, se basa en la "Rueda de las emociones" de Robert Plutchik.

Algunos sentimientos o estados emocionales derivados del miedo o la ansiedad:

- Inseguridad: Surge porque una persona no se siente capaz de enfrentarse a situaciones que considera difíciles, esto la lleva a sentirse vulnerable y/o incapaz. (Sentimiento)

- Timidez: Surge ante el malestar de interactuar con otras personas, ya que hay un miedo a ser juzgado o a no ser tomado en cuenta. (Estado afectivo)

- Confusión: Se caracteriza por la falta de claridad en lo que la persona está sintiendo. Según mi interpretación de Núñez y Valcárcel en *Emocionario: Di lo que sientes,* cuando las personas experimentamos confusión, esta puede derivar en miedo al no poder comprender ni controlar lo que estamos pensando. (Estado mental)

- Tensión/estrés: Surge cuando la persona se enfrenta a una demanda que puede percibirse como amenazante, llevándola a perder la calma. (Estado afectivo)

ANSIEDAD

Es una emoción que surge ante el miedo constante a lo que podría suceder en el futuro. Esta anticipación genera un deseo de escapar de uno mismo.

Los grados de ansiedad, de menor a mayor, son los siguientes:

1. Ansiedad (emoción)

2. Intranquilidad o nerviosismo: Surge ante la incertidumbre y genera inquietud, evitando que la persona pueda concentrarse. (Estado afectivo)

3. Preocupación: Surge cuando la persona percibe una situación que podría generar un problema, lo que la lleva a pensar constantemente en ello. (Estado afectivo)

4. Angustia: Suele caracterizarse una agitación intensa que genera una profunda inquietud mental y emocional. Su intensidad puede ser mayor que la de la ansiedad, al punto de provocar la falta de aire, y suele originarse por situaciones que afectan significativamente a la persona. (Estado afectivo)

TERMÓMETRO ANSIEDAD

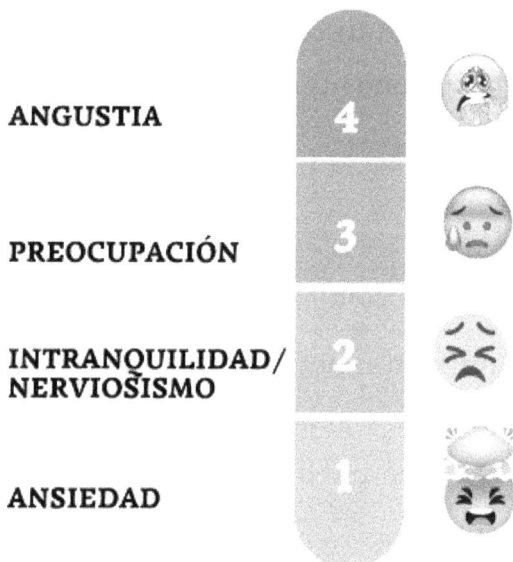

ANGUSTIA

PREOCUPACIÓN

INTRANQUILIDAD/
NERVIOSISMO

ANSIEDAD

Figura 4.5 Termómetro de ansiedad

TRISTEZA

La tristeza es una de las emociones básicas, cuya función es resignificar las pérdidas y los cambios, permitiendo fomentar la introspección y aceptación. Algunas de sus características principales son: pérdida de la energía, defensas bajas, retraimiento y aislamiento. Al sobrepasar su intensidad se convierte en sentimiento.

A continuación te mencionaré cada grado de intensidad de la tristeza y posteriormente comenzarás a diferenciar cual es la emoción, sentimiento o estado afectivo dentro del termómetro de la tristeza.

Tristeza.- Emoción que aparece tras una desilusión o pérdida, en donde existe llanto, melancolía y desmotivación.

Los grados de la tristeza, comenzando de menor a mayor, son los siguientes:

1. Tristeza (emoción)

2. Nostalgia: Surge ante recuerdos constantes sobre el pasado, respecto a lugares o personas. Sin embargo, puede haber recuerdos agradables que se quisieran volver a vivir sin necesidad de que sean dolorosos. (Sentimiento)

3. Melancolía: Se refiere a la dificultad que una persona enfrenta para dejar atrás aquello que hoy ya no está y que esperaría que volviera. (Estado afectivo)

4. Desilusión: Es una respuesta emocional que surge cuando, al confrontar el deseo con la realidad, esta no corresponde a lo esperado. (Sentimiento)

5. Desengaño o decepción: Mientras que en el desengaño la persona reafirma que ha sido defraudada o traicionada, experimentando una mezcla entre frustración y tristeza, en la decepción no necesariamente hay una traición, pero sí se produce una pérdida de creencias o ilusiones debido a que una situación no cumplió con las expectativas.

6. Desesperanza: Surge cuando la persona se resigna, entendiendo que no puede cambiar lo ocurrido porque no tiene control sobre esa situación. (Sentimiento)

TERMÓMETRO TRISTEZA

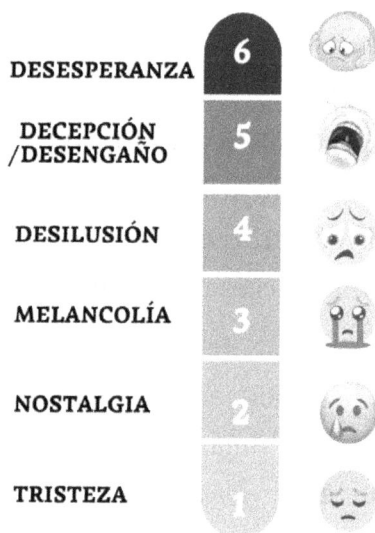

Figura 4.6 Termómetro de tristeza

Actitudes derivadas de la tristeza:

Cuando una persona no logra expresar la emoción de la tristeza de forma asertiva, esto la llevará a adquirir actitudes inconscientes como: constantemente sentirse solo, culpable, abandonado, deprimido y/o desesperado. De estas actitudes, surgirán otras:

- Solitario: aislado y desamparado
- Culpable: arrepentido y avergonzado

- Abandonado: ignorado y victimizado

- Deprimido: vacío y melancólico

- Desesperado: vulnerable y desvalido

Aquella persona que tiene alguna de estas actitudes, en muchas ocasiones no ha sabido expresar su tristeza y la ha reprimido tanto que se ha convertido en parte de esta.

A continuación te mostraré un gráfico donde verás lo mencionado anteriormente:

Gráfico B

Algunos sentimientos o estados emocionales derivados de tristeza:

- Hastío o desgano: Surge ante un cansancio y tras un desgaste constante, lo que lleva a la persona a sentirse insatisfecha y desmotivada. (Estado afectivo)

- Soledad: Surge cuando una persona se siente aislada, e incluso tiene una desconexión emocional con los demás. (Sentimiento)

- Desamparo: Surge cuando una persona se siente abandonada, no tomada en cuenta o no validada, lo que puede llevarla a sentirse vulnerable. (Sentimiento)

- Vergüenza: Surge cuando una persona se siente expuesta al percibir que se ha equivocado y cree que está siendo juzgada o desaprobada por ello. (Emoción)

- Compasión: Surge ante la preocupación por otra persona, está acompañada de empatía y comprensión. (Sentimiento)

ENOJO

El enojo es una de las emociones básicas cuya función principal es impulsar a las personas a poner límites y defenderse. Algunas de las características son: aumento del ritmo cardíaco, acción vigorosa, temperatura cálida y flujo de sangre en las manos. Al sobrepasar su intensidad, se convierte en sentimiento.

Te mencionaré cada grado de intensidad del enojo, y posteriormente comenzarás a diferenciar cuál es la emoción, sentimiento y estado afectivo dentro del termómetro del enojo.

Enojo.- Surge como respuesta ante situaciones que pueden ser percibidas como injustas.

Los grados del enojo, de menor a mayor, son los siguientes:

1. Enojo (emoción)
2. Rabia: Grado más elevado del enojo, en el que el ritmo cardiaco se eleva, y la persona comienza a exaltarse. (Emoción)
3. Ira o furia: Existe un estado de exaltación e irritación que puede desembocar en conductas violentas. (Emoción)
4. Odio o rencor: Surge al no haber resuelto la ira; tras no canalizar dicha emoción, esta crece, y puede llegar a pensamientos de venganza. (Sentimiento)

TERMÓMETRO ENOJO

Figura 4.7 Termómetro de enojo

Actitudes derivadas del enojo:

De la misma manera, si una persona no logra expresar la emoción del enojo de forma asertiva, esto le llevará a adquirir actitudes inconscientes como: sentirse amenazado, herido, mostrarse distante, sentirse frustrado, ser crítico con los demás, ser odioso, ser agresivo, o sentirse desquiciado.

De estas actitudes, surgirán otras:

- Amenazado: atacado, celoso y envidioso
- Herido: apenado, devastado y culpable
- Distante: desconfiado e introvertido
- Frustrado: enfadado e irritado
- Critico: incrédulo y sarcástico
- Odioso: resentido y violentado
- Agresivo: provocador y hostil
- Desquiciado: rabioso y furioso

La razón por la que algunas personas tienen actitudes similares en su día a día es que no han sabido manejar su enojo asertivamente y, por esto, la emoción del enojo se convierte en parte de ellas.

A continuación te mostraré un gráfico donde verás lo mencionado anteriormente.

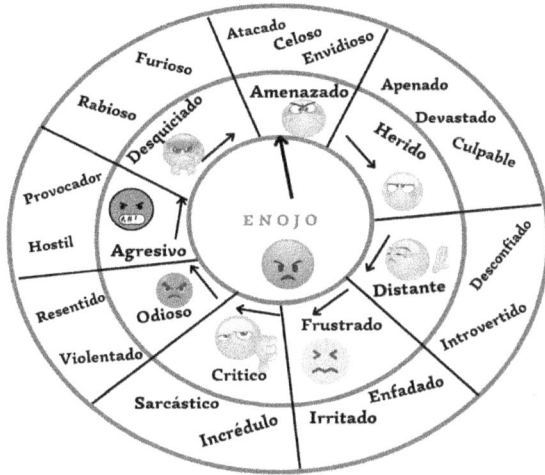

Gráfico C

Algunos sentimientos o estados emocionales derivados del enojo:

- Hostilidad: Surge cuando hay una sensación de desconfianza hacia otra persona, lo cual provoca una reacción defensiva constante. (Estado afectivo)

- Frustración: Surge cuando percibes obstáculos que te impiden lograr tus metas y objetivos. (Sentimiento)

- Envidia: Surge cuando hay una sensación de enojo e incomodidad ante lo que otra persona tiene; por lo que existe no aceptación del éxito ajeno y competencia continua. (Emoción)

- Celos: Surge ante la idea de que alguien más va a quitarte o robarte a quien amas. (Sentimiento)

• Culpa: Surge cuando existe un juicio hacia uno mismo. Constantemente, la persona se acusa de haber hecho algo que considera malo o incorrecto. Es aquí cuando la persona, al ver que dañó a la otra persona, piensa que podría haberlo evitado. Es decir, siento o veo a ese otro dañado por mí, y creo que podría haberlo evitado, por lo tanto, me acuso y me juzgo. Sin embargo, también puede derivar de la tristeza. (Sentimiento)

ALEGRÍA

La alegría es una emoción básica cuya función es: reducir el estrés, motivarnos, y permitirnos ser creativos. En la alegría predominan las siguientes características: aumento de energía, disposición y entusiasmo. Al crecer su intensidad, se convierte en sentimiento.

Te mencionaré cada grado de intensidad de la alegría, y posteriormente comenzarás a diferenciar cuál es la emoción, el sentimiento y estados emocionales dentro del termómetro de la alegría.

Alegría.- Emoción que surge a partir de experiencias positivas y satisfactorias, y que lleva a la persona a sentirse plena y en armonía consigo misma. Se caracteriza por un aumento en la energía, optimismo y una mayor disposición para relacionarse con los demás.

Los grados de la alegría, de menor a mayor, son los siguientes:

1. Alegría (emoción)
2. Satisfacción: Surge cuando reconoces que lo que tienes te llena, que no necesitas más para sentirte en paz. (Sentimiento)
3. Felicidad: Surge al existir una plenitud en un momento determinado, generando una sensación profunda de realización y satisfacción (Estado afectivo)
4. Euforia: Surge una excitación y entusiasmo, que hacen que la persona se crea capaz de superar cualquier reto. (Estado afectivo)
5. Éxtasis: Es un estado en donde existe una conexión profunda con uno mismo y con los demás, puesto que hay una intensa felicidad. (Estado afectivo)

TERMÓMETRO ALEGRÍA

ÉXTASIS

EUFORIA

FELICIDAD

SATISFACCIÓN

ALEGRÍA

Figura 4.8. Termómetro de alegría.

Actitudes derivadas de la alegría:

Como te mencionaba anteriormente, cuando una emoción no es expresada, y se queda albergada, genera un sentimiento y posteriormente un estado afectivo. El cual, más tarde, se volverá parte de ti, de tus actitudes y acciones inconscientes diarias, las cuales se verán reflejadas en tu día a día.

Cuando una persona logra contactar con su alegría podrá sentirse: aceptado, pacífico, alegre, optimista, entrañable, orgulloso, poderoso e interesado de continuar. De éstas actitudes, surgirán otras:

- Aceptado: satisfecho y respetado
- Pacífico: esperanzado y cariñoso
- Alegre: liberado y eufórico
- Optimista: inspirado y abierto
- Entrañable: sensible y bromista
- Orgulloso: importante y seguro
- Poderoso: valiente y motivador
- Interesado: entretenido y curioso

Cuando una persona tiene estas características en su día a día es porque la emoción de la alegría se ha integrado como parte de ella.

A continuación te mostraré un gráfico donde verás lo mencionado anteriormente.

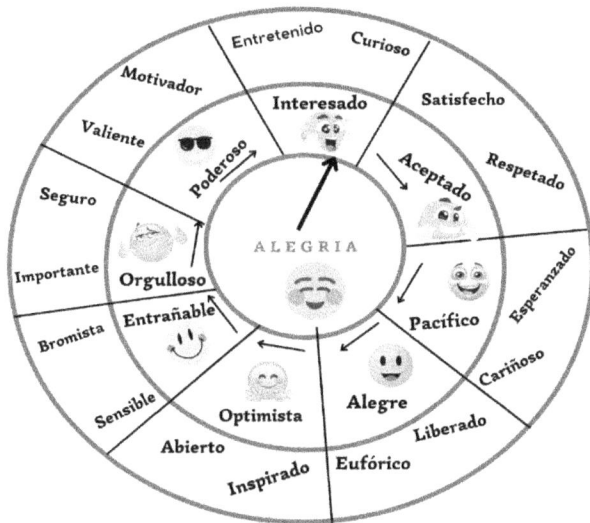

Gráfico D

Algunos sentimientos o estados emocionales derivados de alegría:

- Ternura: Surge de un sentimiento que lleva a querer cuidar. Aumenta la sensibilidad y la empatía hacia la otra persona al percibir que puede estar vulnerable. (Sentimiento)

- Amor: Surge de un sentimiento profundo que crea una conexión emocional a través de un vínculo significativo; el cual tiene como base el respeto, la confianza, la empatía y la comprensión. (Sentimiento)

- Ilusión: Surge cuando existe una idea constante, acompañada de la esperanza de que algo continúe. De esta manera, puede llegar a idealizarse a una persona o situación. (Sentimiento)

- Esperanza: Surge ante un deseo profundo de lo que se anhela, motivando a la persona a seguir. (Sentimiento)

- Admiración: Es un sentimiento que lleva a reconocer las cualidades, capacidades o habilidades de otra persona, percibiéndola como respetable y, a menudo, como un ejemplo a seguir. (Sentimiento)

- Orgullo: Surge tras una sensación de satisfacción cuando una persona considera que alguien más o él mismo, ha logrado lo que se propuso, lo que la lleva a sentirse satisfecha. (Sentimiento)

Sin embargo, hay dos tipos de orgullo, según varios autores:

1. Orgullo positivo: Es una emoción vinculada al reconocimiento de los logros, habilidades y esfuerzos, que promueve la motivación, la seguridad, la perseverancia y el desarrollo personal, lo cual contribuye al fortalecimiento de la autoestima.

2. Orgullo negativo: Es una forma desequilibrada del orgullo que surge cuando una persona se compara de manera constante con los demás y siente la necesidad de demostrar superioridad. Suele manifestarse mediante actitudes arrogantes, egocéntricas o descalificadoras hacia otros. En el fondo, refleja

una autoestima vulnerable que busca validarse a través de la desvalorización de los otros.

• Gratitud: Surge tras haber recibido ayuda de alguien y, de alguna manera, se busca el reconocimiento por lo recibido. (Sentimiento)

• Serenidad: Surge tras un equilibrio interno que permite a la persona tener mayor claridad y enfrentar las situaciones de manera más efectiva. (Estado afectivo)

Cabe resaltar que la alegría también puede ser utilizada como máscara para evitar mostrar otras emociones. Es decir, una persona puede mostrarse alegre cuando detrás de esa alegría puede haber mucho dolor y tristeza.

V

Contactar con tus emociones te permite actuar de forma asertiva

Cuando éramos pequeños nos enseñaron que era malo enojarnos, pues nos decían que era descortés decir o expresar nuestro enojo; o que tener miedo no estaba bien, pues debíamos ser valientes y no había de qué asustarnos porque "no pasaba nada"; o, por otro lado, nos decían que no había que estar tristes porque llorar nos hacía ver feos, que teníamos que ser fuertes, y que llorando no resolvíamos nada. Es importante que sepas que no hay emociones buenas o malas, sólo emociones necesarias para vivir y para guiarnos, las cuales nos permiten utilizar nuestra intuición.

Si te enganchas en que es malo sentir una emoción o sentimiento, sólo producirás que la ansiedad hacia esta aumente y te paralice. Sí aprendes a contactar con cada emoción, la aceptas y buscas escucharla, será una aliada asertiva para poder identificar tus necesidades principales, lo cual te llevará a vivir en armonía contigo mismo. La misma emoción te guiará genuinamente, llevándote a que disminuya, y así dejarás de lidiar con aquellos pensamientos abrumantes, esos que pueden estarte bloqueando e impidiendo que sientas y vivas el presente. Por lo tanto, empezarás a ver tus emociones de una forma distinta, entendiendo que sólo permitiéndote sentirla es como podrá disminuir e irse.

¡Atrévete a sentir, no tengas miedo de vivir!

Beneficios de las emociones cuando son utilizadas de forma asertiva

En las siguientes páginas te mostraré de qué manera pueden beneficiarte tus emociones si son canalizadas de forma asertiva, o cuáles son las consecuencias en caso de no ser así.

BENEFICIOS DE USAR ASERTIVAMENTE TUS EMOCIONES.

✔ MIEDO	✔ TRISTEZA	✔ ENOJO	✔ ALEGRÍA
• Te ayudará a ser más prudente y precavido.	• Contactarás con tus sentimientos de nobleza, bondad y agradecimiento.	• Identificarás tus proyecciones propias. ("Lo que te choca te checa")	• Aumentará tu seguridad.
• Podrás identificar maneras asertivas de enfrentar ciertas situaciones.	• Aprenderás a ser cuidadoso, amoroso y paciente contigo.	• Al ser consciente de tus proyecciones, podrás trabajar en lo que necesitas aceptar y mejorar en ti.	• Descubrirás de lo que eres capaz si te permites ir tras tus objetivos.
• Te permite buscar soluciones con la ayuda de otras personas.	• Aprenderás a escucharte, consentirte, y dedicarte tiempo.	• Aprenderás a poner límites cuando sea necesario.	• Te llevará a tomar decisiones más asertivas.
	• Te permitirá reflexionar.	• Si sacas el coraje de forma asertiva, eso te impulsará a lograr ciertos objetivos.	
	• Fomenta el apoyo.		

Cuadro 5.1 Beneficios de usar asertivamente las emociones

En resumen, el miedo te impulsará a buscar ayuda y ser prudente y precavido para tomar decisiones más acertadas; la tristeza a estar en contacto contigo, ser amoroso y escucharte; el enojo a poner límites, mientras que la alegría fomentará que tomes decisiones asertivas y te brindará seguridad.

Contacta con la atención plena de lo que vives y sientes; deja que fluya y esa emoción te llevará a tomar la decisión necesaria para tu vida. Deja de lado las ideas irracionales respecto a lo que podría suceder, tu intuición es sabia y sabrá guiarte para tomar las decisiones indicadas.

Recuerda que entre más reprimas o intentes huir de esa emoción, más te perseguirá y aumentará su intensidad, limitándote a tomar decisiones. Sin embargo, si sabes escucharla se convertirá en tu aliada.

Por otra parte, si te es difícil canalizar tus emociones, las consecuencias a largo plazo serán las siguientes:

CONSECUENCIAS DE NO USAR ASERTIVAMENTE TUS EMOCIONES.

MIEDO	TRISTEZA	ENOJO	ALEGRÍA
• Si intentas huir del miedo y prefieres no enfrentarlo, te paralizará, impidiendo que logres tus objetivos y metas. • Provocará que vivas en ansiedad, que te sientas estancado y fracasado. • Sentirás desdicha y frustración.	• Te quejarás de todo aquello que te sucede, y te mostrarás pesimista. • Te preguntarás: "¿Por qué siempre me pasa lo mismo?" y "¿Qué he hecho para merecer esto?" • Te llevará a una profunda depresión, que te impedirá encontrarle sentido a tu vida.	• Tus impulsos serán de agresión y violencia. • Constantemente estarás a la defensiva. • Vivirás en rencor y odio hacia lo que te rodea, impidiendo que te sientas feliz. • Tendrás sentimientos de desdicha, venganza y frustración. • Vivirás culpando a los demás de todo lo que sucede.	• Te llevará al ego, la soberbia y el orgullo negativo.

Cuadro 5.2 Consecuencias de no usar asertivamente tus emociones

¿Cómo contactar con las emociones de manera asertiva?

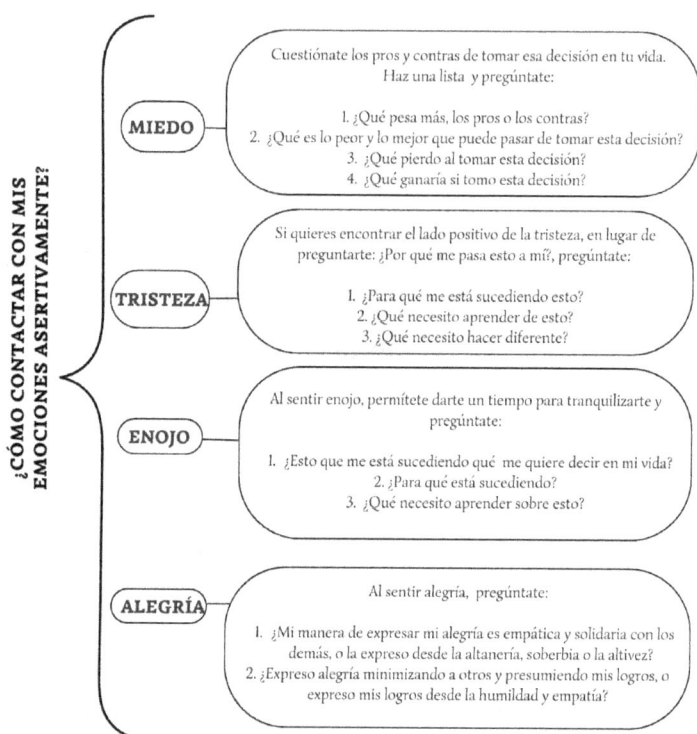

¿CÓMO CONTACTAR CON MIS EMOCIONES ASERTIVAMENTE?

MIEDO

Cuestiónate los pros y contras de tomar esa decisión en tu vida. Haz una lista y pregúntate:

1. ¿Qué pesa más, los pros o los contras?
2. ¿Qué es lo peor y lo mejor que puede pasar de tomar esta decisión?
3. ¿Qué pierdo al tomar esta decisión?
4. ¿Qué ganaría si tomo esta decisión?

TRISTEZA

Si quieres encontrar el lado positivo de la tristeza, en lugar de preguntarte: ¿Por qué me pasa esto a mí?, pregúntate:

1. ¿Para qué me está sucediendo esto?
2. ¿Qué necesito aprender de esto?
3. ¿Qué necesito hacer diferente?

ENOJO

Al sentir enojo, permítete darte un tiempo para tranquilizarte y pregúntate:

1. ¿Esto que me está sucediendo qué me quiere decir en mi vida?
2. ¿Para qué está sucediendo?
3. ¿Qué necesito aprender sobre esto?

ALEGRÍA

Al sentir alegría, pregúntate:

1. ¿Mi manera de expresar mi alegría es empática y solidaria con los demás, o la expreso desde la altanería, soberbia o la altivez?
2. ¿Expreso alegría minimizando a otros y presumiendo mis logros, o expreso mis logros desde la humildad y empatía?

Cuadro 5.3 ¿Cómo contactar con tus emociones asertivamente?

Como podrás darte cuenta, los pasos mencionados anteriormente se refieren al ciclo de la experiencia (Capítulo I).

Es importante que sepas que, para contactar con tus emociones de forma asertiva, es primordial que te permitas expresarlas a través del arte: pintar, bailar, cantar, escuchar música, escribir, etc., todo eso te permitirá expresar tus emociones a través del cuerpo, para escucharlas y transformarlas, evitando reprimirlas. El contacto continuo con el arte te llevará a tener una mejor autorregulación de tus emociones, guiándote a una mejor resolución del ciclo de la experiencia.

Antes de cualquier cosa, cuando lleguen a ti estas emociones, haz una inhalación profunda, cierra tus ojos y respóndete las siguientes preguntas:

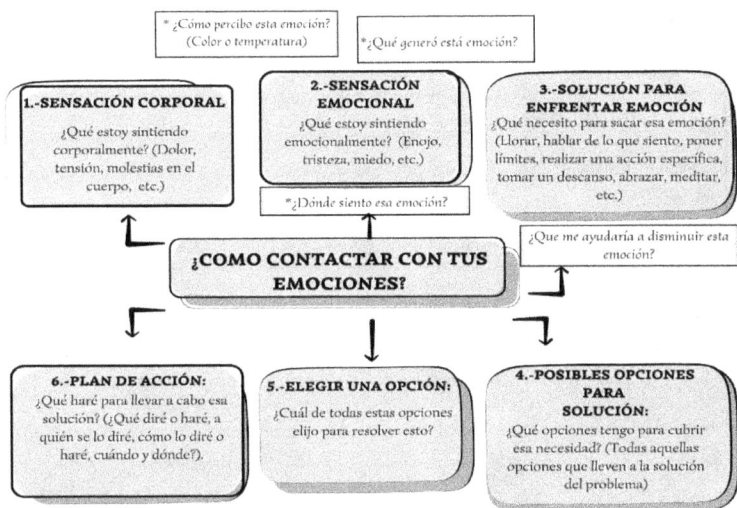

Para que las preguntas te sean más claras, pondré un ejemplo de cómo podrías realizar paso a paso el vaciado de las preguntas anteriores.

Un consultante menciona: "Ya estoy muy cansado, mi jefe me ha sobresaturado de trabajo. Hace más de seis meses me pidió que lo apoyara con las funciones correspondientes a otro puesto. Yo acepté porque pensé que sólo sería por seis meses, pero es hora de que no me ha dicho nada ni ha contratado a alguien más. Además, llevo algunos años en esa empresa y mi jefe no me sube de puesto, pero sí me sobresatura porque sabe la capacidad que tengo" (en su tono de voz hay enojo).

Durante la terapia el consultante identifica lo siguiente:

SENSACIÓN COPPORAL:	Dolor de cabeza, cansancio y gastritis.
EMOCIÓN:	Enojo.
MOTIVO:	No reconocimiento y sobresaturación.
CON QUIÉN:	Jefe
OPCIONES DE SOLUCIÓN:	• Pedir vacaciones. • Pedir aumento de sueldo. • Esperar que su jefe decida. • Renunciar. • Buscar otro trabajo. • Hablar con su jefe y expresar su inconformidad.
OPCIONES A ELEGIR:	• Hablar con su jefe y expresar su inconformidad.
PLAN A SEGUIR:	"El lunes voy a hablar con mi jefe y le diré que el exceso de trabajo me ha generado problemas de salud; que yo ya cumplí con apoyarlo los 4 meses que acordamos".

A veces lo que necesitas es permitirte sentir y vivir el presente. ¡Esto es lo único que tienes!

VI

Técnicas terapéuticas

Estuve buscando fuera de mí para encontrar la fuerza
y la confianza, pero éstas provienen de adentro.
Siempre han estado ahí.

Ana Freud, psicoanalista pionera
de la psicología infantil

Ejercicios para identificar mi neurosis/compulsión

En la siguiente tabla te mostraré algunos ejemplos de cómo realizar una lista de compulsiones, escenas emocionales, introyectos, emociones, promesas emocionales y el ser.

Por medio de este ejercicio podrás adentrarte a tus recuerdos más profundos, los que te llevaron a adquirir ciertas compulsiones, y así identificarás cuál es tu verdadero ser.

Permítete plasmar todas las escenas emocionales que vengan a tu mente, de acuerdo a la compulsión que predomina hoy en día en ti. No importa por donde empieces.

COMPULSIÓN / NEUROSIS	ESCENA EMOCIONAL	INTROYECTO	EMOCIÓN QUE PREDOMINA	PROMESA EMOCIONAL	"SER"
Trabajar para no tener tiempo de sentir.	Mi padre me demostraba con acciones que no había que perder el tiempo, ni siquiera conviviendo en familia. Y que debía esforzarme para conseguir lo que quisiera, estudiando y trabajando, incluso si eso implicaba no tener tiempo para sí mismo.	"No debes descansar".	Tristeza	No debo descansar porque eso me hace sentirme triste.	Poder descansar.
No expresar emociones.	En la infancia buscaba atención y amor; abrazaba a mis familiares, y me emocionaba cuando llegaban a casa; sin embargo, sentía su rechazo.	"No está bien expresar lo que sientes".	Tristeza.	Evitar ser expresiva y guardar distancia.	Expresar mis emociones.
No defenderme.	Cuando decía lo que no me parecía, me decían que era muy rebelde y constantemente me rechazaban.	"Si digo lo que no me parece, me van a rechazar".	Tristeza/ Miedo	Guardar lo que sentía para no ser rechazada.	Poner límites.

Tabla 6.1 Identificando mi neurosis vs. ser

Se observa de izquierda a derecha un ejemplo de lo que sería una neurosis, una escena emocional, introyecto, emoción predominante, la promesa emocional y el ser (la acción o actitud contraria a la neurosis).

Para completar el recuadro anterior puedes ir al Capítulo III, cuadro 3.2, "Niño herido e influencia en la neurosis", y al capítulo IV, cuadro 4.3 Emociones principales y sus derivados.

Ejercicios para identificar formas de enfrentar tus compulsiones

Ahora, en la siguiente tabla, 6.2, plasmarás las actitudes insanas de tu niño interior, tomando en cuenta cómo eras en tu infancia (columna 1). Después escribirás las compulsiones, aquellas características que engloban esa actitud (columna 2). Continuarás con las actitudes de tu adulto insano en tu presente (columna 3), siguiendo con la compulsiones que engloban esas actitudes en la actualidad (columna 4), y posteriormente las emociones predominantes (columna 5), señalando con el número 1 la de tu niño interior, y con el número 2 la de tu adulto en el presente. Finalmente, escribirás la solución que consideras que te ayudaría (columna 6).

ACTITUDES NIÑO INTERIOR INSANO	COMPULSIONES NIÑO INTERIOR INSANO	ACTITUDES ADULTO INSANO	COMPULSIONES ADULTO INSANO	EMOCIÓN PREDOMINANTE	SOLUCIÓN
1.-Desesperada	• No toleraba la distancia de mamá. • Me angustiaba cuando no sentía atención.	2. Necia	Querer que las cosas sean de cierta forma.	1. Miedo 2. Enojo	• Negociar • Tolerar
1.-Imprudente	• Intervenía en conversaciones. • No medía mis palabras.	2. Temeraria.	Tomar decisiones arrebatadas.	1. Miedo-Enojo 2. Miedo	Ser mas cautelosa al tomar decisiones.
1.-Miedosa	• Mis miedos me llevaban a angustiarme y no saber qué hacer.	3. Insegura	No creer y no confiar en mí.	1. Tristeza 2. Miedo-Tristeza	Expresar el miedo y descubrir mis capacidades.

Tabla 6.2 Actitudes, compulsiones y soluciones

Para completar la columna 1 y 3 de la tabla, revisa el cuadro 3.1, "Características del niño interno sano-insano vs. el adulto sano-insano", que se encuentra en el Capítulo III. Y para complementar la columna 5, revisa el cuadro 4.3, "Emociones principales y sus derivados", del Capítulo IV.

Si consideras que las actitudes insanas de tu niño interior no coinciden con las de ahora, de adulto, revisa los siguientes ejercicios y realiza el que mejor se te acomode.

Ejercicios para identificar actitudes sanas e insanas

Si en el cuadro 3.1, "Características del niño interno sano-insano vs. el adulto sano-insano", del Capítulo III, identificas que la actitud de tu niño interior fue insana y no coincide con la actitud insana de tu adulto, puesto que ahora eres lo contrario a como eras en tu infancia (ej. de ser un niño arrebatado, ahora eres un adulto cauteloso), entonces realizarás una tabla como la siguiente. En donde le pondrás el número 1 a la actitud de tu niño insano, posteriormente escribirás las compulsiones que engloban esas actitudes, continuarás con las actitudes de tu adulto sano, poniéndole el número 2, y finalmente en la última columna las características de las actitudes de la columna 3.

ACTITUDES NIÑO INTERIOR INSANO	COMPULSIONES NIÑO INTERIOR INSANO	ACTITUDES ADULTO SANO	DESCRIPCIÓN DE ACTITUDES SANAS DE ADULTO SANO
1. Arrebatada	• Tomaba decisiones precipitadamente. • No pensaba en las consecuencias.	2. Cautelosa	Ser mas cautelosa y pensar antes de actuar.

Tabla 6.3 Ejemplo de actitud de niño interno
insano vs actitud de adulto sano

Si, por el contrario, identificas que la actitud de tu niño interior era sana y ahora la de tu adulto es insana (ejemplo: eras extrovertido y ahora eres introvertido), entonces realiza la siguiente tabla.

ACTITUDES NIÑO INTERIOR SANO	DESCRIPCIÓN DE ACTITUDES SANAS NIÑO INTERIOR	ACTITUDES ADULTO INSANO	COMPULSIONES DE ACTITUDES INSANAS DE ADULTO	SOLUCIÓN
1. Extrovertida	Era muy sociable y hacía amistades fácilmente.	2. Introvertida.	A raíz de la escena emocional, aprendí a ser más reservada y callada.	Lograr un punto medio en donde pueda integrar mi parte social y reservada.

Tabla 6.4 Ejemplo de actitudes de niño interior
sano vs. actitudes de adulto insano

En la columna 1 escribe las actitudes de tu niño interno sano (poniendo el número 1), en la columna 2 detallarás las actitudes de la columna 1. En la columna 3, plasmarás las actitudes de tu adulto insano (con el número 2), seguido de las compulsiones que identificas dentro de esas actitudes de tu adulto (columna 4), y finalmente la solución (columna 5).

Si lo ves necesario puedes realizar las tres tablas anteriores.

Una vez que tienes claro esto, escribirás en la siguiente tabla todas las actitudes sanas que identificaste dentro de los ejercicios anteriores, poniéndole el número 1 a las que pertenecen a tu niño interior sano, y el número 2 a las de tu adulto sano. Escribirás de qué manera cada una de las actitudes sanas te ayudarían a contrarrestar las actitudes insanas que has escrito en las tablas anteriores; tomando en cuenta esas cualidades y herramientas con las que cuentas.

ACTITUDES SANAS QUE PUEDEN AYUDARME. (NIÑO O ADULTO)	¿COMO PUEDE AYUDARME ESTA ACTITUD EN MIS COMPULSIONES?
1.Cautelosa	• El ser cautelosa me puede ayudar a saber en qué momento llevar a cabo los planes o las ideas que tengo en mente. • Me permitirá idear planes que me lleven a enfrentar de mejor manera mis miedos.
2. Extrovertida	• Mi parte sociable me puede ayudar a saber acercarme a las personas de manera amigable, enfrentando mi inseguridad.
1.Decidida	• Mi decisión me puede ayudar a enfrentar mis miedos, impulsándome a avanzar y no estancarme.

Tabla 6.5 Ejemplo de actitudes sanas de niño interior y adulto

Ejercicios para identificar mecanismos de evasión e introyectos

Ahora, para realizar la tabla 6.6 irás al Capítulo I, en el subtema "El ciclo de la experiencia en la terapia Gestalt", y te basarás en los cuadros del 1.5 al 1.14, donde identificarás las fases en las que estás o estabas bloqueado, los mecanismos de evitación, mensajes introyectados, y las frases introyectadas. Posteriormente, identificarás el mensaje y las frases que te gustaría cambiar en lugar de lo introyectado.

FASE	MECANISMO DE EVITACIÓN	MENSAJE INTROYECTADO	FRASE INTROYECTADA	MENSAJE RESIGNIFICADO	FRASES RESIGNIFICADAS
MOVILIZACIÓN DE ENERGÍA	Introyecto	"Te rechazarán"	"Debes portarte bien y no dar problemas". "Tienes que portarte bien".	"Las personas que realmente me quieren me aceptarán tal como soy".	"Cuando necesite defenderme, lo haré de una forma más asertiva".
ACCIÓN	Retroflexión	"No actúes".	"Mejor me aguanto de decir lo que pienso y siento". "Mejor me odio porque yo debo ser el problema de que los demás no me acepten".	"No necesito quedarme callada para ser aceptada, puedo expresarme tal como soy".	"Puedo hablar de lo que siento y pienso; poniendo límites cuando sea necesario".

Tabla 6.6 Ejemplo del ejercicio resignificando mensajes

Ejercicios para reencontrarme con mi niño interior

En el siguiente mapa encontrarás algunas preguntas respecto a tu infancia que es importante que respondas en orden en una hoja.

13.-
¿Qué me hace falta recuperar de ese niño?

14.-
¿Qué me comprometo a hacer para que ese niño interior se sienta seguro, feliz, amado y protegido?

15.-
¿Qué necesito hacer para dejar esa compulsión y acercarme a quien realmente soy?

1.-
¿Cuáles eran mis miedos e inseguridades?

12.-
¿Qué me hace falta para que ese niño interno se sienta seguro, protegido y amado?

11.-
¿Qué te gustaba de ese niño antes de vivir esa escena emocional?

10.-
¿Cómo era yo antes de vivir aquella escena emocional?

9.-
¿Qué y quiénes no me hacía sentir amado, seguro y protegido?

8.-
¿Qué y quiénes me hacían sentir amado y protegido?

RESPONDE LO SIGUIENTE;

7.-
• ¿Me siento satisfecho con haber cambiado esos sueños?

6.-
¿Que sueños cambiaron y porque?

2.-
¿Qué me ponía triste y qué me enojaba?

3.-
¿Qué me hizo falta?

4.-
¿Qué anhelaba y qué soñaba?

5.-
• ¿Qué cosas de las que soñaba logré y cuáles me faltan por hacer?

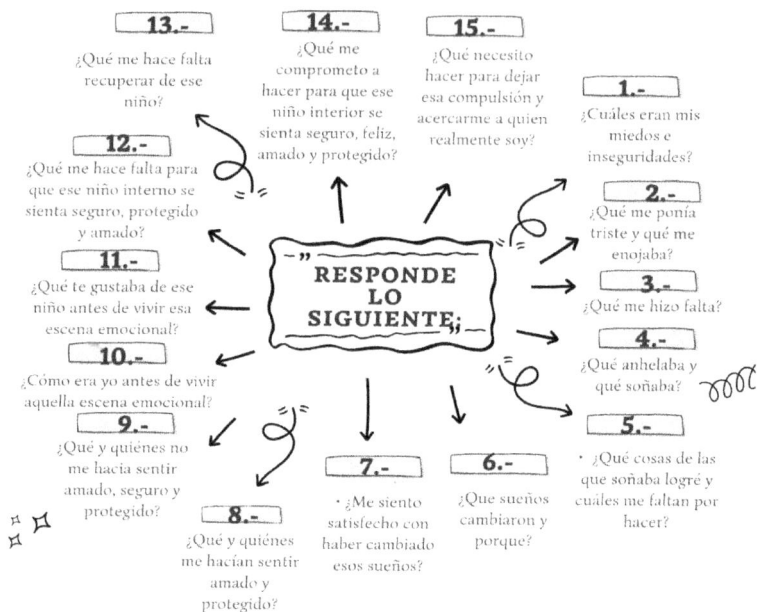

Una vez que contestaste las preguntas, ahora verás la película *Mi encuentro conmigo,* con Bruce Willis (2000).

Cuando hayas visto esta película, realizarás una carta con la mano contraria con la que escribes. En esa carta plasmarás todo aquello que tu niño interior te diría o te pediría a ti, como adulto.

Al terminar de escribir esta carta, léela y después pregúntate: ¿Qué es lo que necesito hoy en día para poder ser feliz? Y posteriormente realizarás otra carta en donde le contestes a tu niño interior y te comprometas a hacer algo por él. Además, en esta carta le recordarás qué estás dispuesto a hacer, qué actitudes propias estás dispuesto a cambiar, y qué vas a dejar de hacer o de permitir para que no vuelva a ser lastimado (en la página siguiente encontrarás un ejemplo de carta).

Finalmente, realiza una meditación en la que visualices el reencuentro con tu niño interior. Pon música, relájate e imagina un reencuentro en el que podrás hacerle saber todo aquello que plasmaste en tu carta.

Carta para mi niño interno

De: Mi yo adulto
Para: Mi niño interior

Hola, pequeñ@,

Hace tanto tiempo que no me daba a la tarea de acercarme a ti. Siento mucho haberte dejado sol@, herid@ y abandonad@.

¿Sabes?, ahora que soy adulto puedo comprender tantas cosas... puedo entender tus miedos, tus tristezas, tus enojos y tus heridas. Ahora soy el adulto responsable que siempre necesitaste que fuera, para ti. Ahora me tienes a mí para protegerte, para levantarte, para enfrentar tus temores; para que nada ni nadie te dañe como alguna vez lo hicieron. Ahora nadie más se va a aprovechar de tu nobleza, tu ingenuidad, tu bondad y tu lealtad, porque yo estoy aquí enfrentando al mundo por ti.

Perdón por las veces que no fui capaz de enfrentarme al mundo por ti; perdón por las veces que me encerré en mi miedo y no fui capaz de defenderte, pues no contaba con los recursos para hacerlo. Hoy soy capaz de dar mi fortaleza y mi valentía, y no rendirme ante tus temores, tus dudas, y tus enojos. Hoy soy capaz de poner por encima mi persistencia y perseverancia, aferrándome a los sueños que no te dejé cumplir. Hoy soy capaz de darlo todo por ti.

Perdón por no haberme aferrado a tus motivaciones, tus ilusiones y tus esperanzas, pues sin eso no puedo ver el mundo con la alegría y felicidad con las que tú me permites verlo.

Tú le das sentido a mi vida. Tú ves las cosas pequeñas como las cosas más hermosas del mundo, y es por eso que vale la pena la vida, por tenerte aquí conmigo, porque vivas hoy, porque anhelo que vuelvas a sonreír y creer como lo solías hacer... porque eso te hace ser la personita más hermosa del mundo.

Te amo y te acepto tal cual eres, con las miles de virtudes que te caracterizan, y con las debilidades que tienes. Eres mi motivación más grande y sin ti no puedo estar.

Perdón por las veces que dejé de lado tus sueños, tus anhelos, pues por aferrarme a mis frustraciones permití que dejaras de creer en la bondad, en la dicha, en la ilusión, y en el amor. Hoy sé que tú eres mi más grande amor, mi más grande felicidad, y lo eres todo para mí. Eres el/la niñ@ de mis ojos al que cuidaré día a día como mi mayor tesoro. Quiero que sepas cuánto te amo. Por el simple hecho de que existes, soy feliz.

Amo tu esencia, tu manera de ver la vida. En ti existe la fe y la esperanza por los sueños, y las ilusiones, pues tu aún crees en la bondad de las personas... ¡y vaya que existe!

A veces me he dejado llevar por los problemas que vivo siendo adulto, olvidando que existe bondad en la humanidad. Pero sabes, tienes razón, ¡sí existe! Sólo que a veces me he aferrado y enfocado en los aspectos negativos y en las personas equivocadas, cegándome del aprendizaje que hay en ello. Pero gracias a que tú estás conmigo, puedo ver lo positivo y lo bello de la vida.

Un día me preguntaste: ¿Para qué es la vida?, ¿para qué venimos al mundo? Y no te supe responder, pues me enfocaba más en las dificultades y adversidades, viéndolas como un peso, en lugar de enfocarme en el crecimiento, evolución y transmutación. Hoy te podré responder esa pregunta poniéndome en tus zapatos: Porque sólo así logro comprender la vida. Y la respuesta está en eso que tú me has enseñado a ser.

La vida es dicha, bienestar, felicidad, amor puro… eso es la vida. Es aprender de las caídas y dificultades.

Y te preguntarás: ¿Cómo aprender y ver la vida de esa manera? Y la respuesta es: Poniéndome a ver la vida como tú la ves, con amor, felicidad, alegría y esperanza. Porque eso es si te enfocas en verla desde la perspectiva para la que fue creada; desde ahí podrás entenderla y amarla. Porque la vida está hecha del amor puro a través del cual fuimos creados y llegamos a este mundo.

Cuando aprendamos a ver la vida de esa forma, cuando nos enfoquemos en el amor puro de la vida y de nuestra propia existencia es cuando todo girará sobre esto. Cuando aprendamos a ver la vida con felicidad, viendo las cosas con optimismo y buscando siempre el lado positivo de las situaciones y los aprendizajes que nos deja, habremos vencido al dolor, a la tristeza, al enojo y al rencor. Y no digo que no los vuelvas a sentir, porque sentir es parte de la vida y las emociones están ahí, pero si sabemos sobrellevarlos de la manera en que tú me has enseñado a verlo, habremos logrado triunfar porque esas emociones por las cuales fue hecha la vida son las que nos mantienen hoy aquí, porque quien se aferra al dolor, al sufrimiento, a la tristeza y al odio, termina destruyéndose, termina enfermándose, y poco a poco apagando su luz hasta que ese sentimiento lo lleva a desaparecer, y finalmente morir sin haber aprendido a vivir.

Por eso me has enseñado que lo que nos ayuda a mantenernos sanos y con vida es la esencia pura con la que fuimos creados, con el amor y la felicidad. En ella encontrarás la mayor cura para las enfermedades y para las adversidades.

Gracias por enseñarme a vivir, por eso hoy te honro y te valoro, porque a pesar de ser tan pequeño, comprendes muchas más cosas que yo como adulto. Por eso hoy prometo valorar lo que me has enseñado, y aplicarlo para no permitir que te contamines con el odio, y la maldad de la humanidad.

Eres un ser hecho para mantener la esencia que te pertenece. Amo tu sonrisa, tu manera de ver la vida, tu bondad, tu sinceridad, tu lealtad y, sobre todo, tu manera de amar,

amar incondicionalmente, entregarte con todo el corazón sin esperar nada a cambio.

Por eso sé que tengo mucho más por aprender de ti, y quiero que nunca dejes de ser quien eres. No importan las circunstancias por las que pasemos, siempre mantén esa esencia que de la fuerza, valor y valentía para enfrentar las adversidades y obstáculos; yo me encargo. Porque nunca más volveré a permitir que te hagan dudar de tu capacidad para lograr tus sueños y, sobre todo, jamás permitiré que te hagan dudar de ti mism@ y de quien eres.

Yo estaré para protegerte y cuidar de ti mientras tú sigues brillando con tu gran esencia que nos lleva a crecer en la vida y a seguir viviendo como sólo tú sabes hacerlo.

Te ama inmensamente,
El yo adulto que siempre estará aquí
para protegerte y cuidarte

Conclusión

Para llegar hasta aquí tuve que asimilar muchas cosas de mi vida, aunado a ello, la historia de cada uno de mis consultantes, de experiencias que escuché de otros, y personas significativas que fueron sumándome. Cada una de esas historias me llevó a aprender, comprender, y crecer. Agradezco a cada persona que ha abierto su corazón, que ha confiado en mí; valoro y admiro quiénes son. Espero que mi acompañamiento o escucha les haya dejado algo, como ustedes han dejado algo en mí.

Una manera de sanar ha sido permitirme escribir paso a paso este libro, asimilando cada palabra escrita. Aunado a esto, mi maestría y mi proceso terapéutico me han permitido procesar mi historia e ir sanando poco a poco. A pesar de las dificultades por las que pasé en el camino, escuchando comentarios como, "La terapia no sirve", "No puedes depender de la terapia, debes resolverlo tu sola", "¿Para qué le inviertes a eso?", "Los terapeutas sólo te sacan dinero", "¿De qué te sirve estudiar eso?, decidí continuar. Fue así como encontré el enfoque correcto para mí, que me llevó a ver avances y enamorarme de mi proceso de sanación.

He entendido que el proceso de transformación y transmutación no termina, lleva su tiempo, es largo, hay altas y bajas, pero permite ir comprendiendo y madurando. En este trayecto son necesarias la paciencia, la perseverancia y el acompañamiento propio amoroso, pero vale el esfuerzo, el tiempo y la inversión, pues me ha llevado a resignificar mi historia e integrar quien soy.

Aquí te comparto lo que me funcionó cuando creí que no había nada o nadie que me ayudara, encontré la luz en el camino que me hizo ver que sí hay manera para sobreponerse a las dificultades. Mi tema de vida, la relación con mi padre, me llevó a indagar en esta hermosa profesión. Buscaba entender su lejanía y su indiferencia. Así como tú, yo buscaba respuestas, quería saber el *por qué*. Sin embargo, después comprendí que lo importante es el *para qué*... ¿para qué me ha servido esto? La vida me ha mostrado la importancia de mi aceptación hacia él. Antes creaba expectativas sobre querer cambiar la relación con mi padre, esperando más cercanía, buscando una y otra vez su reconocimiento, aceptación, comunicación e interés hacia mí. Sin embargo, entendí que era desgastante esperar algo que no estaba en él, pues seguramente él tampoco lo había recibido.

A lo largo del proceso he entendido que probablemente el acuerdo con mi padre en esta vida fue enseñarme su distanciamiento y lejanía, y ha sido esto lo que me ha permitido crecer y ser hoy quien soy, impulsándome a seguir aprendiendo; siendo guía para otros, y adentrándome a una introspección profunda sobre quién soy y lo que hago en este mundo.

Y si en algún momento, está en él acercarse, estaré de una forma más madura, consciente y sin expectativas.

Glosario

Autorregulación/Homeóstasis.- Equilibrio que permite adaptarse a los cambios.

Ciclo de la experiencia.- Proceso por el que pasa un individuo, el cual le permite responder o actuar de cierta manera ante una situación o experiencia en su vida. El objetivo es que reconozca sus emociones, las acepte y se haga consciente de estas para lograr encontrar soluciones y así llegar a la estabilidad.

Compulsión.- Conducta o acción repetitiva que no permite la autenticidad del ser.

Confluencia.- Mecanismo de evasión en el que la persona no logra distinguir un límite entre ella y el otro; constantemente se anula para complacer a otros, volviéndose seguidor de los demás y dejando de lado sus prioridades.

Cutting.- Conducta autolesiva que consiste en realizarse cortes en la piel.

Deflexión.- Mecanismo de evasión en el que la persona evita enfrentar lo desagradable y prefiere evadirlo cambiando de tema, riéndose, contando un chiste, ignorando, etc.

Desensibilización.- Mecanismo de evasión en donde la persona evita sentir, diciendo que no siente, e incluso puede llegarse a culparse por sentir.

Diálogo interno.- Es la voz interna que constantemente habita en tu mente, cuestionando lo que es correcto o no.

Escena emocional.- Recuerdo que genera un trauma.

Fijación.- Mecanismo de evasión en el que la persona tiene la necesidad de seguir en ese contacto, pues no puede estar lejos de esa relación con el alcohol, el tabaco, amistades, pareja, familia, trabajo, etc.

Gestalt incompleta.- Cuando no es satisfecha una necesidad psicológica y social, y esto lleva a un bloqueo e insatisfacción. Puede generar una alteración y, más tarde, una neurosis.

Insight.- La capacidad para encontrar claridad y "darse cuenta".

Introyecto.- Aquellas frases o ideas que el individuo ha escuchado desde pequeño y que le llevaron a creer que eran propias; absorbiendo todo lo que le han dicho, sin tomar en cuenta si esos mensajes son positivos o negativos, y que estos no le pertenecen.

Neurosis.- Enfermedad de origen nervioso, caracterizada por las dificultades de adaptación del individuo ante diversas situaciones. Se refiere al conjunto de acciones o actitudes compulsivas aprendidas que llevan a los mecanismos de evitación.

Postergación.- Mecanismo de evasión que busca impedir concluir una actividad.

Proflexión.- Mecanismo de evasión en el que la persona usa su energía amorosa haciendo al otro lo que le gustaría que le hicieran a ella. Es el lado opuesto de la retroflexión.

Promesas emocionales.- También llamadas "lealtades". Son aquellas promesas que te haces a ti mismo, a nivel inconsciente, de no volver a hacer aquello por lo que alguna vez te lastimaron, evitando así volver a ser juzgado o herido por alguna acción o conducta que tuviste en aquella escena emocional.

Proyección.- Mecanismo de evasión en el que veo en otra persona lo que yo tengo, negándolo en mí. También se refiere a ver en otro lo que yo quisiera poder hacer, y, en lugar de hacerlo yo, le dejo la responsabilidad al otro. Es con este que el individuo inhibe lo que quiere hacer, esperando que el otro cambie.

Psicosis.- Conjunto de síntomas que llevan a la persona a perder contacto con la realidad. Está caracterizada por delirios y alucinaciones.

Retroflexión.- Mecanismo de evasión en el que se usa la energía agresiva en uno mismo. La persona trae cargando enojo hacia otro y ese enojo lo descarga consigo misma para no dañar a esa otra persona.

Ser.- Esa parte única y auténtica que caracteriza a una persona, esa parte interna con la que nació.

Somatizaciones.- Conjunto de síntomas físicos o enfermedades causadas por una situación emocional.

Bibliografía

Berzosa, T. (2025, 14 de febrero). Envidia. Discapnet. https://www.discapnet.es/salud/salud-mental/guia-de-las-emociones/envidia

Calderón Rodríguez, M; et al. (2012). *Aprendiendo sobre emociones: Manual de educación emocional.* Coordinación Educativa y Cultural Centroamericana.

Características.pro. (s.f). Características de los sentimientos. https://www.caracteristicas.pro/sentimientos/

Cobin, J. A. (2024, 8 de noviembre). Los 16 tipos de sentimientos y su función psicológica. Portal Psicología y Mente. https://psicologiaymente.com/psicologia/tipos-de-sentimientos

Fenichel, O. (1984). *Teoría psicoanalítica de las neurosis.* Editorial Paidós.

Fundamentos de diseño básico. (2012, diciembre 10). *Copa de Rubin* [Imagen de Edgar Rubin, 1915]. En *Fundamentos de diseño básico.* https://fundamentosdisenobasico.wordpress.com/2012/12/10/percepcion-figura-fondo/

Goleman, D (2000). *La inteligencia emocional.* Ed. Vergara.

Jara, S., & Dörr, A. (2015, junio). Apunte: Procesos afectivos. https://tuvntana.wordpress.com/wp-content/uploads/2015/06/apunte-procesos_afectivos.pdf

Jung, C. G., Campbell, J., et al. (1994). *Recuperar el niño interior* (J. Abrams, Ed.; C. Figueras, Trad.). Editorial Kairós.

LEGSA. (2023, 13 de septiembre). ¿Qué es el orgullo? Concepto y ejemplos. https://legsa.com.mx/pyru/orgullo

Martín, Á. (2006). *Manual práctico de psicoterapia Gestalt* (5ª ed.) Ed: Desclée De Brouwer.

Núñez Pereira, C; y Valcárcel,R. R. (2013). *Emocionario. Di lo que sientes*. Ed. Palabras Aladas.

Pierret, G (1990). *La terapia Gestalt. Su práctica en la vida cotidiana*. Ed: Dilema.

Plutchik, R. (1980). *Rueda de las emociones*.

Psicomed. (2020). ¿Qué es la neurosis? Síntomas, causas y cómo manejarlos. https://psicomed.mx/wp-content/uploads/2020/02/neurosis.pdf

Psychology of Human Emotion. (s.f). Two Types of Pride. https://psu.pb.unizin.org/psych425/chapter/two-types-of-pride/

Rivera Salazar, J. L., Murillo Villa, J. A., & Sierra Rubio, M. Á. (2007). El concepto de neurosis de William Cullen comorevolución científica. Enseñanza e Investigación en Psicología.

Salama Penhos, H. (1985). Guestalt para todos. Instituto Mexicano de Psicoterapia Guestalt.

Salama Penhos, H. (2012).*Gestalt 2.0 Actualización en psicoterapia Gestalt*. Ed: Alfaomega.

Six Seconds. (2017, 21 de junio). Emociones, sentimientos y Estados de ánimo: ¿Conoces la diferencia? https://esp.6seconds.org/2017/06/21/emocion-sentimiento-y-humor-que-es-la-diferencia/

Teoría de la Gestalt (s.f). Editorial desconocida.

Thomen Bastardas, M. (2024, 2 de julio). Que son los sentimientos: lista, tipos y ejemplos. Psicología-Online. https://www.psicologia-online.com/que-son-los-sentimientos-lista-tipos-y-ejemplos-4606.html#anchor_0

Torrabadella, P. (2001). *Como desarrollar la inteligencia emocional*: Test y ejercicios prácticos para aumentar la autoestima y actuar de manera positiva. Ed. Océano.

Torres, A. (2016, 6 de junio). Kurt Lewin y la Teoría de Campo: el Nacimiento de la psicología social. Portal Psicología y Mente. https://psicologiaymente.com/social/kurt-lewin-teoria-del-campo

Turrent, G. (2019, 8 de abril). Las neurosis: sus rasgos y síntomas. Centro Eleia. https://www.centroeleia.edu.mx/blog/las-neurosis-sus-rasgos-y-sintomas/

Universidad de Barcelona. (s. f.). 2.2.2. *La Gestalt. Psicología ambiental.* https://www.ub.edu/psicologia_ambiental/unidad-2-tema-2-2-2

Agradecimientos

A Dios, por permitirme transmutar situaciones en mi vida y convertirlas en logros personales y profesionales que me han permitido ayudarme y ayudar a otras personas;

A mi madre, porque gracias a su apoyo he tenido la valentía para salir de las adversidades, permitiéndome lograr cada uno de mis sueños; y a mi padre, que tras su ausencia ha sido mi maestro de vida, llevándome a ahondar en esta profesión;

A mi abuelo, quien me enseñó a nunca rendirme, de quien aprendí la pasión y el amor por escribir y ayudar a los demás;

A Daniel, que desde que iniciamos este viaje juntos ha sido mi impulso, mi apoyo, y mi mejor reflejo para seguir creciendo y mejorando cada día;

A quienes creyeron y confiaron en mí, a quienes han sido mi apoyo y mi fuerza, y a aquellos que se fueron de mi vida, pues me impulsaron en mi crecimiento personal;

A mis maestros y terapeutas de INTEGRO, que me impulsaron a sanar y me formaron como terapeuta Gestalt, y a mis maestros, que me formaron como licenciada en psicología.

¡Encuéntrame en mis redes sociales!

Facebook: Psic. Angelica Arzate

Instagram: psicangelicaarzate

TikTok: psic_angelicaarzate

Spotify: Viaje a tu interior: Angelica Arzate

Youtube: Psicoterapeuta Angelica Arzate

Doctoralia: Angelica Arzate

www.ingramcontent.com/pod-product-compliance
Lightning Source LLC
Chambersburg PA
CBHW070812290326
41931CB00011BB/2204